KORSZERŰ SUSHI URALOM KÉZIKÖNYV

100 recept a kortárs sushi művészetéhez

Patrícia Péter

Copyright Anyag ©2023

Minden jog fenntartva

A kiadó és a szerzői jog tulajdonosának megfelelő írásos beleegyezése nélkül ennek a könyvnek egyetlen része sem használható fel vagy továbbítható semmilyen formában vagy módon, kivéve az ismertetőben használt rövid idézeteket. Ez a könyv nem helyettesítheti az orvosi, jogi vagy egyéb szakmai tanácsokat.

TARTALOMJEGYZÉK _

TARTALOMJEGYZÉK _ 3
BEVEZETÉS 6
ÚJKORÚ SUSHI 7
    1. Töltött Kiwi Sushi 8
    2. Key Lime Desszert Sushi 10
    3. Sajt, Tater Tots és Bacon Sushi...13
    4. Csokoládé Tiramisu Sushi..15
    5. Töltött pulykatekercs burgonya Wasabival 18
    6. Banán Sushi 20
    7. Frushi kókuszrizzsel 22
    8. Ramen Sushi...25
    9. Szárított sonka sárgadinnye sushival 28
    10. Halloween Panda Sushi 30
    11. PB&J szendvics sushi..33
    12. Hot Dog Sushi..35
    13. Bacon Sushi...38
    14. Gofris reggeli sushi 40
    15. Unikornis Sushi fánk..42
    16. Töltött uborkás sushi tekercs 45
    17. Sajtburger Sushi 47
    18. Banán Nutella Desszert Sushi 49
    19. Banános pisztácia sushi..51
    20. Sushi Cukorka 53
    21. Csokis banántekercs...55
    22. Karamell almás sushi...57
    23. Matcha Zöld teaCrepe Sushi...59
    24. Áfonyás boldogságMochi Sushi 61
    25. Citromos áfonyás sushi tekercs 63
    26. Gyümölcsös palacsinta sushi túróval 65
    27. Sushi brazil dióval 68
EGZOTIKUS SUSHI TEKERCS 70
    28. Wagyu Marha Sushi tekercs...71
    29. Uni és Tobiko sushi tekercs 73
    30. Hamagari Kagyló Sushi 75
    31. Homár Sushi tekercs 77
    32. Daikon Retek és Omlett Sushi...79
    33. Füstölt lazac és krémsajtos sushi tekercs 82
    34. Tonhal és mangó sushi tekercs 84

35. Fűszeres Shiitake gombás tekercs 86
36. Avokádó uborkás sushi tekercs 88
37. Fűszeres fésűkagyló sushi tekercs 90
38. Rák és avokádó sushi tekercs 92
39. Mázas padlizsán Sushi 94
40. Angolna és uborkás sushi tekercs 96
41. Ropogós enoki gombás tekercs 98
42. Kaviáros és krémsajtos sushi tekercs 101
43. Tonhal Tartare Sushi Tekercs 103
44. Puha héjrák Sushi tekercs 105
45. Fésűkagyló és Tobiko Sushi tekercs 107
46. Toro és Caviar Sushi 109
47. Homár és szarvasgomba olajos sushi 111
48. Foie Gras és Füge Sushi 113
49. Uni és Wagyu Marha Sushi 115
50. Retek és garnélarák Sushi Nigiri 117
51. Királyrák és avokádó sushi 119
52. Tengeri sügér és szarvasgombás sushi 121
53. Kacsa és Hoisin szósz sushi 123
54. Zsíros lazac és avokádó sushi 125
55. Angolna és avokádó sushi 127
56. Homár és kaviár sushi 129
57. Fekete rizses sushi tekercs tofuval és zöldségekkel 131
58. Grillezett angolna és avokádó sushi tekercs 133
59. Retek és zöldség Sushi Tekercs 135
60. Tonhal és szójabab Sushi 137
61. Sárgarépa lox és avokádó sushi 140
62. Barna rizs zöldségtekercs 142
63. Sushi tekercs quinoával és avokádóval 144
64. Retek és uborka Sushi Tekercs 146

SUSHI TÁLAK **148**

65. Dinamit fésűkagylóSushi Tál 149
66. Sonka és barack sushi tál 151
67. Narancssárga Sushi csészék 153
68. Támogatás Sushi Tál 155
69. Tojás, sajt és zöldbab sushi tál 157
70. Barack Sushi Tál 159
71. Ratatouille Sushi Tál 161
72. Ropogós sült tofu sushi tál 163
73. Avokádó sushi tál 166
74. Hínár rizstál 168
75. Fűszeres homár sushi tál 170
76. Grillezett Rövid bordákSushi Tál 172
77. Friss lazac és avokádó sushi tál 174

SAJTOTT, GUNKAN ÉS NIGIRI SUSHI **176**

78. Gránátalma és étcsokoládé Nigiri 177
79. Avokádó és gránátalma Nigiri 179
80. Shiitake Nigiri 181
81. Nigiri epres sajttorta 183
82. Füstölt Tofu Nigiri 185
83. Retek és tonhal Sushi Nigiri 187

SUSHI KÉZI TEKERCS/TEMAKI 189

84. Mango Ragadós rizsMaki 190
85. Növényi Tempura kézi tekercsek 192
86. Bacon kézi tekercs 194
87. Mogyoróvaj és banán temaki 196
88. Kelkáposzta Chip Kéz Tekercs 198
89. Kimchee és paradicsomos kézi tekercs 200
90. Kókusz mangó temaki 202

SASHIMI 204

91. Dinnye Sashimi 205
92. Heirloom Tomato Sashimi 207
93. Fésűkagyló Carpaccio 209
94. Édes garnélarák Sashimi 211
95. Laposhal citrommal és Matcha sóval 213
96. Marhahús tataki tál 215
97. Tonhal Sashimi Jalapeno Granitával 217
98. Tonhal és avokádó tatár 219
99. Avokádó és mangó lazac Sashimi 221
100. Szarvasgombás Sárgafarkú Sashimi 223

KÖVETKEZTETÉS 225

BEVEZETÉS

Üdvözlünk kulináris kalandorokat és sushi-rajongókat! Üdvözöljük a "Korszerű Sushi Uralom Kézikönyv" lenyűgöző világában. A gasztronómia folyamatosan fejlődő birodalmában, ahol az innováció a hagyományokkal táncol, ez a kézikönyv az Ön kapuja egy magával ragadó utazáshoz a kortárs sushi-készítés szívébe. Ahogy belevágunk ebbe a kulináris odüsszeába, képzelj el egy konyhát, amely a szaggatás ritmikus hangjaitól, a tekercselés finom művésziségétől és a friss alapanyagok aromás szimfóniájától él.

A sushi, amelynek gyökerei mélyen beágyazódnak a japán hagyományokba, figyelemre méltó átalakuláson ment keresztül a 21. században. A " Korszerű Sushi Uralom Kézikönyv " több mint útmutató; a kulináris reneszánsz felfedezése, ahol a klasszikus technikák találkoznak az avantgárddal, és minden recept egy ecsetvonás a korszerű szusiművészet vásznán.

Képzeljen el egy olyan sushi-élményt, amely túlmutat a hétköznapokon, ahol az ismerős ízek kortárs fordulatokkal vannak átitatva, és minden tekercs a kreativitás és az innováció történetét meséli el. Ez a kézikönyv az Ön társa ezen a gasztronómiai úton, és nemcsak recepteket ígér, hanem a korszerű szusimesterséget meghatározó technikák, összetevők és művészi alapelvek átfogó megértését is.

Legyen szó tapasztalt sushiszakácsról, aki friss ihletet keres, vagy egy házi szakácsról, aki alig várja, hogy belevágjon egy szusikészítési kalandba, ezt a kézikönyvet úgy alkottuk meg, hogy erőt adjon Önnek. Merüljünk el együtt a kortárs sushi-készítés mélységeibe – egy olyan utazásba, ahol a hagyomány és a korszerűitás egyesülve olyan kulináris kárpit jön létre, amely időtlen és élvonalbeli.

Konyhája váljon a kísérletezés menedékévé, a sushi tekercsei az Ön kreatív szellemiségéről tanúskodjanak, és mindegyik a korszerű sushi dinamikus és folyamatosan fejlődő világának ünnepe. Csatlakozz hozzám, miközben tekerjük, szeleteljük, és belekóstolunk a "Korszerű Sushi Uralom" magával ragadó művészetébe!

ÚJKORÚ SUSHI

1.Töltött Kiwi Sushi

ÖSSZETEVŐK:
- 4 nagy kivi
- 4 szelet főtt csirke vagy pulyka
- ½ avokádó, vékonyra szeletelve
- ¼ csésze reszelt sárgarépa
- 2 evőkanál krémsajt
- Szójaszósz vagy tamari (mártáshoz, opcionális)

UTASÍTÁS:
a) Kezdje azzal, hogy meghámozzuk a kivit, és hosszában kettévágjuk. Vágjon ki egy kis részt a húsból minden kivi feléből, és hozzon létre egy üreges üreget a töltelék számára. Ügyeljen arra, hogy ne kanalazzon ki túl sokat, mert szeretné, hogy a kivi megőrizze alakját.
b) Tegyen egy szelet főtt csirkét vagy pulykát egy tiszta felületre. Vékony réteg krémsajtot kenünk a szeletre.
c) Helyezzen néhány szelet avokádót és egy reszelt sárgarépát a krémsajt tetejére, a csirke- vagy pulykaszelet egyik végéhez közel.
d) Vegyük az egyik kivájt felét, és helyezzük a töltelékek tetejére. Óvatosan nyomja le, hogy rögzítse az összetevőket.
e) Óvatosan tekerje körbe a csirke- vagy pulykaszeletet a töltött kiwi fele köré, szoros tekercset készítve. Ismételje meg a folyamatot a maradék kiwi felekkel és töltelékekkel.
f) Miután feltekerte az összes töltött kiwi "susi" tekercset, éles késsel szeletelje fel őket falatnyi darabokra. Ha szükséges, fogpiszkálóval rögzítheti a tekercseket.
g) Tálaljuk a töltött Kiwi "Sushi" tekercseket egy tálon vagy tányéron. Igény szerint elrendezheti őket sushi-stílusú prezentációban.
h) Kívánt esetben szójaszósszal vagy tamarival tálaljuk a mártáshoz.

2.Key Lime Desszert Sushi

ÖSSZETEVŐK:
TORTA
- 2/3 csésze Gold Medal™ fehérítetlen univerzális liszt
- 1 teáskanál sütőpor
- 1/4 teáskanál só
- 1/2 csésze kristálycukor
- 3 tojás plusz 2 tojásfehérje
- 1 teáskanál tiszta vanília kivonat
- 2 evőkanál porcukor, a torta becsomagolásához

TÖLTŐ
- 1 csésze kristálycukor
- 3 evőkanál fehérítetlen Gold Medal™ univerzális liszt
- 1 tojás, enyhén felverve
- 3/4 csésze víz
- 1/4 csésze lime-lé
- Tejszínhab, díszítéshez
- 1 lime, szeletelve, díszítéshez

UTASÍTÁS:

a) Melegítse elő a sütőt 375 °F-ra. Béleljen ki egy 17 x 11 hüvelykes peremű sütilapot szilikon szőnyeggel, VAGY vonja be főzőpermettel, és bélelje ki sütőpapírral. Kenje be a szőnyeget vagy papírt további főzőpermettel, és tegye félre.
b) Egy kis tálban keverjük össze a lisztet, a sütőport és a sót.
c) Egy közepes tálban vagy egy tálban keverje fel a cukrot, a tojást és a tojásfehérjét nagy sebességgel, amíg halvány és habos nem lesz, körülbelül 5 perc alatt. Keverjük hozzá a vaníliát.
d) Két részletben adjuk hozzá a lisztes keveréket, közben keverjük, amíg teljesen be nem keveredik.
e) A masszát az előkészített tepsibe öntjük, és egy spatulával egyenletesen eloszlatjuk. Körülbelül 10 percig sütjük, vagy amíg a torta enyhén megérintve visszaugrik.
f) Amíg sül a sütemény, szórjunk meg egy nagy konyharuhát porcukorral. Vegye ki a süteményt a sütőből, és óvatosan fordítsa rá az előkészített konyharuhára. Távolítsa el a szilikonszőnyeget vagy a sütőpapírt, és éles késsel vágja hosszában ketté a tortát. Óvatosan tekerje a tortákat a hosszú oldalukról a konyharuhába, és tegye a törülközőt a varrás oldalával lefelé egy pultra, hogy 30 perctől egy óráig hűljön.
g) Közben elkészítjük a tölteléket: Egy kis lábasban keverjük össze a cukrot, a lisztet, a tojást, a vizet és a lime levét. Főzzük és keverjük közepes lángon, amíg a keverék fel nem forr; 1 percig sűrűre keverjük. Vegyük le a tűzről; szűrőn keresztül egy külön tálba szitáljuk és szobahőmérsékletre hűtjük.
h) Amikor a sütemények kihűltek, tekerje le a törülközőről, és helyezze minden tortát egy nagy műanyag fólialapra. Kenje meg a töltelék felét minden sütemény tetejére (lehet, hogy nem használja fel az összes tölteléket - ez rendben van), és szorosan tekerje fel. Fedjük le mindkét tortát műanyag fóliával, és tegyük a hűtőbe 4 órára vagy egy éjszakára dermedni.
i) Vegye ki a beállított süteményeket a hűtőszekrényből és a műanyag fóliából. Fogazott késsel vágjon minden tortát 1 hüvelykes darabokra, például a sushit (kb. 12 szelet tortánként). A vágási oldalával lefelé fordítsuk, és a tetejére tegyünk egy kis tejszínhabot és lime szeletet. Ízlés szerint meleg csokoládémártással tálaljuk.

3.Sajt, Tater Tots és Bacon Sushi

ÖSSZETEVŐK:

BACON WEAVE:
- 1 kiló szalonna

TATER TOT töltelék:
- Tater tot (előfőzve a csomagolási utasítás szerint)

SUSHI ÖSSZESZERELÉS:
- Szalonnafonás
- Főtt tater tots
- Rántotta
- Szeletelt jalapeños
- Reszelt sajt (cheddar vagy tetszőleges fajta)

UTASÍTÁS:

BACON WEAVE:
a) Melegítsd elő a sütőt 190°C-ra (375°F).
b) Hozzon létre egy bacon szövést úgy, hogy vízszintesen és függőlegesen rakja ki a szalonnacsíkokat, felváltva négyzet alakú mintát képezve.
c) A szalonnás szövést sütőpapírral bélelt tepsire helyezzük.
d) Előmelegített sütőben kb 15-20 percig sütjük, vagy amíg a bacon meg nem sül, de még rugalmas. Ügyeljen rá, nehogy túlsüljön.

TATER TOT töltelék:
e) A tésztaféléket a csomagoláson található utasítások szerint süsd aranybarnára és ropogósra.

SUSHI ÖSSZESZERELÉS:
f) Fektesse a szalonnás szövést egy sima felületre.
g) Helyezzen egy réteg rántottát a szalonnás szövésre.
h) Adjunk hozzá egy sor főtt tépát a tojások közepén.
i) Szórjuk meg a reszelt sajtot a tésztafélékre.
j) Helyezze a szeletelt jalapeñot a sajt tetejére.
k) Óvatosan feltekerjük a baconszövést, így sushi tekercs formát hozunk létre. Használhat bambusz sushi gördülőszőnyeget, hogy segítse ezt a folyamatot.
l) Rögzítse a tekercset fogpiszkálóval, ha szükséges.
m) Szeletelje fel a bacon sushi tekercset egyenként.
n) Tálalja a szalonnás szusit kedvenc mártogatós szósszal, például fűszeres majonézzel vagy csípős barbecue szósszal.

4.Csokoládé Tiramisu Sushi

ÖSSZETEVŐK:
"NORI" CSOKOLÁDÉS KREPP (TEngeri moszat):
- 1 csésze univerzális liszt
- 2 evőkanál kakaópor
- 2 evőkanál cukor
- Csipet só
- 1 1/2 csésze tej
- 2 nagy tojás
- 2 evőkanál olvasztott vaj
- További vaj a főzéshez

TIRAMISU TÖLTETÉS:
- 1 csésze mascarpone sajt
- 1/2 csésze porcukor
- 1 teáskanál vanília kivonat
- 1 csésze kemény tejszín, felvert
- 1/2 csésze erős főzött kávé, lehűtve
- 2 evőkanál kávélikőr (elhagyható)
- Kakaópor porozáshoz

SUSHI ÖSSZESZERELÉS:
- Csokoládé palacsinta
- Tiramisu töltelék
- Kakaópor porozáshoz

UTASÍTÁS:

"NORI" CSOKOLÁDÉS KREPP (TEngeri moszat):

a) Turmixgépben keverjük össze a lisztet, a kakaóport, a cukrot, a sót, a tejet, a tojásokat és az olvasztott vajat. Keverjük simára.
b) Melegíts fel egy tapadásmentes serpenyőt közepes lángon, és adj hozzá egy kis mennyiségű vajat.
c) Öntsön egy vékony réteg tésztát a serpenyőbe, és forgassa meg, hogy egyenletesen bevonja az alját.
d) Süssük a palacsintát körülbelül 1-2 percig mindkét oldalán, amíg meg nem áll. Ismételje addig, amíg az összes tésztát el nem használja.

TIRAMISU TÖLTETÉS:

e) Egy tálban keverjük simára a mascarponét, a porcukrot és a vaníliakivonatot.
f) Óvatosan keverjük hozzá a tejszínhabot, amíg jól össze nem áll.
g) Egy sekély edényben keverjük össze a kifőzött kávét és a kávélikőrt.
h) Mártson minden csokoládé palacsintát rövid időre a kávékeverékbe, ügyelve arra, hogy bevonatos legyen, de ne legyen túl ázva.

SUSHI ÖSSZESZERELÉS:

i) Helyezzen egy csokis palacsintát sima felületre.
j) Kenjük meg egy bőséges réteg tiramisu töltelékkel a palacsintát.
k) Óvatosan tekerje a palacsintát rönk vagy henger alakúra, amely egy sushi tekercshez hasonlít.
l) Ismételje meg a folyamatot a maradék palacsintával és a töltelékkel.
m) A megsodort tiramisu sushit legalább 1-2 órára a hűtőbe tesszük, hogy megdermedjen.
n) Szolgáló:
o) Ha kihűlt, szeletelje fel a tiramisu sushit falatnyi darabokra.
p) Minden szelet tetejét szórja meg kakaóporral a befejezés érdekében.
q) Tálalja tányéron, és élvezze a csokoládé tiramisu sushit!

5.Töltött pulykatekercs burgonya Wasabival

ÖSSZETEVŐK:
A TÖRÖK TEKERCSÉHEZ:
- 1 csont nélküli pulykamell
- Só és bors ízlés szerint
- Tetszés szerinti töltelék (használhat hagyományos kenyértölteléket vagy bármilyen tetszőleges variációt)
- Áfonyaszósz (házi vagy bolti)

A VASABIKURGONYÚ püréhez:
- 4 nagy burgonya, meghámozva és felkockázva
- 1/4 csésze sótlan vaj
- 1/2 csésze tej
- Só és bors ízlés szerint
- 2 evőkanál wasabi paszta (ízlés szerint módosítani)

UTASÍTÁS:
A TÖRÖK TEKERCSÉHEZ:
a) Melegítsd elő a sütőt 190°C-ra (375°F).
b) Tegye tiszta felületre a kicsontozott pulykamellet. Sózzuk, borsozzuk.
c) A tölteléket egyenletesen elosztjuk a pulykamellen.
d) Adjunk hozzá egy réteg áfonyaszószt a töltelék tetejére.
e) A pulykamellet óvatosan forgatjuk egy rönkbe, ügyelve arra, hogy a töltelék és az áfonyaszósz beburkolódjon.
f) Rögzítse a tekercset konyhai zsineggel.
g) A pulykatekercset sütőpapírral bélelt tepsire helyezzük.
h) Az előmelegített sütőben körülbelül 25-30 percig sütjük fontonként, vagy amíg a belső hőmérséklet el nem éri a 165 °F-ot (74 °C).
i) Szeletelés előtt hagyja pihenni néhány percig a pulykatekercset.

A VASABIKURGONYÚ püréhez:
j) A meghámozott és kockára vágott burgonyát puhára főzzük.
k) A burgonyát lecsöpögtetjük, majd a vajjal és a tejjel simára törjük.
l) Keverje hozzá a wasabi pasztát, és állítsa be a kívánt fűszerességi fokra.
m) A burgonyapürét ízlés szerint sózzuk, borsozzuk.

ÖSSZESZERELÉS:
n) A pulykatekercset szeletekre vágjuk.
o) Minden szeletet a burgonyapüré wasabi "zöld szar" ágyán tálaljon.

6.Banán Sushi

ÖSSZETEVŐK:
- 2 nagy banán
- 2-4 teljes kiőrlésű tortilla vagy nori lap (hínárlap)
- 2-4 evőkanál mandulavaj vagy mogyoróvaj
- Méz vagy agave szirup (elhagyható, csöpögéshez)
- **ÖNTETEK:** Chia mag, kókuszreszelék, granola, apróra vágott dió vagy étcsokoládé chips (válassza ki kedvenceit)

UTASÍTÁS:
a) A banánt meghámozzuk és félretesszük.
b) Ha tortillát használunk, enyhén melegítsük fel, hogy rugalmasabbak legyenek.
c) Ha nori lapokat használ, használhatja őket úgy, ahogy vannak.
d) Helyezze ki a tortillákat vagy nori lapokat egy sima felületre.
e) Kenje meg egy vékony réteg mandulavajjal vagy mogyoróvajjal az egész felületet.
f) Helyezzen egy hámozott banánt a tortilla vagy a nori lap széléhez.
g) Óvatosan tekerje körbe a tortillát vagy a nori lapot a banán köré, amíg sűrű tekercset nem kap. Ha tortillát használunk, előfordulhat, hogy a szélét egy kevés dióvajjal kell rögzíteni.
h) Éles késsel szeletelje fel a banánnal töltött tortillát vagy nori tekercset falatnyi, sushi tekercsekre emlékeztető darabokra.
i) Szórja meg kedvenc feltéteit a banános sushi tekercsekre. Ez lehet chia mag, kókuszreszelék, granola, apróra vágott dió vagy étcsokoládé chips.
j) Egy kis édesség érdekében csorgass a tetejére mézet vagy agave szirupot.
k) A banános sushit elrendezzük egy tányéron, és azonnal tálaljuk.

7.Frushi kókuszrizzsel

ÖSSZETEVŐK:
KÓKUSZRIZSHOZ:
- 1 csésze sushi rizs
- 1 1/4 csésze kókusztej
- 2 evőkanál cukor
- 1/2 teáskanál só
- 2 evőkanál rizsecet

A FRUSHI-HOZ:
- Nori (tengeri moszat) lapok, vékony csíkokra vágva (dekoratív hatás érdekében opcionális)
- Eper, hámozott és szeletelt
- Kiwi, meghámozva és felszeletelve
- Mandarin meghámozva és szeletekre vágva
- Méz vagy agave szirup (locsoláshoz, opcionális)
- szezámmag (díszítéshez, opcionális)

UTASÍTÁS:
KÓKUSZRIZSHOZ:
a) Öblítse le a sushi rizst hideg víz alatt, amíg a víz tiszta nem lesz.
b) Rizsfőzőben vagy főzőlapon keverje össze a sushi rizst, a kókusztejet, a cukrot és a sót. Főzzük a rizsfőző vagy főzőlap utasításai szerint.
c) Ha megfőtt a rizs, hagyjuk kicsit kihűlni.
d) A főtt rizshez óvatosan hozzáforgatjuk a rizsecetet.

A FRUSHI ÖSSZESZERELÉSE:
e) Helyezzen ki egy bambusz sushi gördülőszőnyeget, és helyezzen rá egy műanyag fóliát.
f) Helyezzen egy nori csíkot a műanyag fóliára, ha használ.
g) Enyhén nedvesítse meg a kezét, hogy ne ragadjon, és vegyen egy kis marék kókuszos rizst. Egyenletesen oszlassuk el a nori csíkon, egy kis szegélyt hagyva a tetején.
h) A rizs alsó szélén elrendezzük az eper-, kivi- és mandarinszeleteket.
i) Óvatosan tekerje fel a Frushit a bambusz szőnyeg segítségével. Ha szükséges, kevés vízzel zárjuk le a szélét.
j) Ismételje meg a folyamatot a többi hozzávalóval.
k) Miután feltekerte, éles késsel szeletelje fel a Frushi tekercset falatnyi darabokra.
l) A Frushi darabokat egy tálra rendezzük.
m) Opcionális: Az édesség kedvéért meglocsoljuk mézzel vagy agave sziruppal, díszítésként pedig szezámmagot szórunk a tetejére.

8. Ramen Sushi

ÖSSZETEVŐK:
A RAMEN SZÁMÁRA:
- 2 csomag instant ramen tészta (a fűszeres csomagokat dobja ki)
- Víz forraláshoz
- 1 evőkanál növényi olaj

A SUSHI RIZSHEZ:
- 2 csésze sushi rizs
- 1/3 csésze rizsecet
- 2 evőkanál cukor
- 1 teáskanál só

A TÖLTETÉSHEZ:
- Vékonyra szeletelt zöldségek (sárgarépa, uborka, avokádó, kaliforniai paprika stb.)
- Ön által választott főtt és szeletelt fehérje (grillezett csirke, garnélarák vagy tofu)

ÖSSZESZERELÉSRE:
- Nóri (hínár) lapok
- Szójaszósz mártáshoz
- Ecetes gyömbér és wasabi a tálaláshoz (opcionális)

UTASÍTÁS:
A RAMEN SZÁMÁRA:
a) Főzd meg az instant ramen tésztát a csomagoláson található utasítások szerint. Lecsepegtetjük és egy evőkanál növényi olajjal felöntjük, hogy ne ragadjon le. Hagyd hülni.
A SUSHI RIZSHEZ:
b) Öblítse le a sushi rizst hideg víz alatt, amíg a víz tiszta nem lesz.
c) Főzzük meg a rizst a csomagoláson található utasítások szerint.
d) Egy kis serpenyőben hevítsd alacsony lángon a rizsecetet, a cukrot és a sót, amíg a cukor és a só fel nem oldódik. Hagyd hülni.
e) Ha a rizs megfőtt, tegyük át egy nagy tálba. Fokozatosan adjuk hozzá az ecetes keveréket, óvatosan hajtsuk a rizsbe. Hagyja a rizst szobahőmérsékletre hűlni.
ÖSSZESZERELÉSRE:
f) Helyezzen egy műanyag fóliát egy bambusz sushi gördülőszőnyegre. Helyezzen egy nori lapot, fényes oldalával lefelé a műanyag fólia tetejére.
g) Nedvesítse meg a kezét, nehogy letapadjon, és egyenletesen terítsen vékony réteg sushi rizst a norira, hagyva egy kis szegélyt a tetején.
h) Helyezzen egy kis főtt ramen tésztát a rizs alsó szélére.
i) Tegye a tészta tetejére a választott vékonyra szeletelt zöldségeket és a fehérjét.
j) A bambuszszőnyeg segítségével óvatosan tekerje fel a sushit, finom nyomással henger alakúra formálja.
k) Kevés vízzel lezárjuk a szélét.
l) Ismételje meg a folyamatot a többi hozzávalóval.
m) Miután feltekert, éles késsel szeletelje fel a ramen sushi tekercset falatnyi darabokra.
n) Tálaljuk a ramen sushit szójaszósszal a mártáshoz, és ízlés szerint ecetes gyömbérrel és wasabival az oldalára.

9.Szárított sonka sárgadinnye sushival

ÖSSZETEVŐK:

- Vékonyra szeletelt Szárított sonka
- Érett sárgadinnye, meghámozzuk, kimagozzuk és apró kockákra vágjuk
- Friss bazsalikom levelek
- Balzsammáz (opcionális, csepegtetőhöz)
- Fogpiszkáló vagy kis nyárs

UTASÍTÁS:

a) Vegyünk egy szelet Szárított sonkat, és fektessük le egy tiszta felületre.
b) Helyezzen egy kis sárgadinnye kockát a Szárított sonka szelet egyik végére.
c) Adjunk hozzá egy friss bazsalikomlevelet a sárgadinnye tetejére.
d) A prosciuttót szorosan a sárgadinnye és a bazsalikom köré tekerjük, kis sushi-szerű tekercset készítve.
e) Rögzítse a tekercset fogpiszkálóval vagy kis nyárssal.
f) Ismételje meg a folyamatot a maradék Szárított sonka szeletekkel, sárgadinnye kockákkal és bazsalikomlevéllel.
g) Opcionális: Kenje meg a Szárított sonkaba csomagolt sárgadinnye tekercseket balzsammázzal a további íz érdekében.
h) Rendezd el a próbát sárgadinnye sushi tekercsekkel egy tálra.
i) Azonnal tálaljuk, és élvezzük ezt a finom és elegáns előételt!

10. Halloween Panda Sushi

ÖSSZETEVŐK:
A SUSHI RIZSHEZ:
- 2 csésze sushi rizs
- 1/3 csésze rizsecet
- 2 evőkanál cukor
- 1 teáskanál só

A TÖLTETÉSHEZ:
- Főtt és fűszerezett rák vagy rákutánzat (testre)
- Avokádó szeletek (szemnek és fülnek)
- Nóri (hínár) lapok
- Szójaszósz és wasabi a tálaláshoz

UTASÍTÁS:
A SUSHI RIZSHEZ:
a) Öblítse le a sushi rizst hideg víz alatt, amíg a víz tiszta nem lesz.
b) Főzzük meg a rizst a csomagoláson található utasítások szerint.
c) Egy kis serpenyőben hevítsd alacsony lángon a rizsecetet, a cukrot és a sót, amíg a cukor és a só fel nem oldódik. Hagyd hűlni.
d) Ha a rizs megfőtt, tegyük át egy nagy tálba. Fokozatosan adjuk hozzá az ecetes keveréket, óvatosan hajtsuk a rizsbe. Hagyja a rizst szobahőmérsékletre hűlni.

A PANDA SUSHIHOZ:
e) Vegyünk egy adag sushi rizst, és formázzuk ovális vagy lekerekített téglalap alakúra a panda testére.
f) Vágja a nori lapokat kis körökre a szemeknek és kisebb körökre a füleknek.
g) Helyezze a nori köröket a rizsre a szemek létrehozásához.
h) Helyezzen avokádószeleteket a szemek fölé, hogy létrehozza a panda fülét.
i) Vágjon további nori csíkokat, hogy kialakítsa az arcvonásokat (orr és száj), és helyezze őket a rizsre.
j) Vágjon vékony nori csíkokat, hogy körbevegye a testét, és így a panda karja és lába.
k) Az ünnepi halloween-érintés érdekében kis nori darabkák segítségével kísérteties kifejezést keltsen a panda arcán.
l) Opcionálisan használjon főtt és fűszerezett rákot vagy rákot utánzatot, hogy töltse ki a panda testét.
m) Ismételje meg a folyamatot több panda sushi elkészítéséhez.
n) A panda sushit szójaszósszal és mártogatáshoz wasabival tálaljuk.

11.PB&J szendvics sushi

ÖSSZETEVŐK:

- 2 szelet kenyér (fehér, búza vagy tetszés szerint)
- Mogyoróvaj
- Ön által választott zselé vagy lekvár (szőlő, eper stb.)
- Választható: Szeletelt banán vagy eper a nagyobb íz és állag érdekében

UTASÍTÁS:

a) Vágja le a héjat a kenyérszeletekről.
b) Sodrófa segítségével lapítsa el a kenyérszeleteket.
c) Egy réteg mogyoróvajat kenjünk egyenletesen a lapított kenyér egyik oldalára.
d) A mogyoróvaj tetejére kenjünk egy réteg zselét vagy lekvárt.
e) Ha szükséges, adjon hozzá szeletelt banánt vagy epret a kenyér egyik széléhez.
f) Óvatosan tekerje fel a kenyeret egy szoros rúdba, a szélétől kezdve a mogyoróvajjal és a zselével.
g) Ügyeljen arra, hogy a tekercs szoros legyen, de ne túl szoros, hogy elkerülje az összetevők összenyomódását.
h) Éles késsel szeletelje fel a feltekert szendvicset falatnyi, sushi tekercsekre emlékeztető darabokra.
i) Helyezze el a PB&J sushi tekercseket egy tányérra, és azonnal tálalja.
j) Választható: Kreatívabbá válhat további feltétekkel, például apróra vágott dióval, kókuszreszelékkel vagy egy csepp mézzel az ízek fokozása érdekében.

12. Hot Dog Sushi

ÖSSZETEVŐK:
- Hotdogok
- Sushi rizs
- Nóri (hínár) lapok
- Szójaszósz, mártáshoz
- Választható **FELTÉTEK:** savanyúság, mustár, ketchup, savanyú káposzta vagy bármilyen más hot dog feltét, amit szeretsz

UTASÍTÁS:
A HOT DOGS ELKÉSZÍTÉSE:
a) Melegítse elő a grillt vagy a tűzhelyen lévő grillserpenyőt.
b) Grill a hot dogokat, amíg teljesen meg nem fő, és szép grillnyomok lesznek.
c) A grillezett hot dogokat hosszában kettévágjuk, két hosszú csíkot készítve.
d) **SUSHI RIZS** elkészítése :
e) Öblítse le a sushi rizst hideg víz alatt, amíg a víz tiszta nem lesz.
f) Főzzük meg a rizst a csomagoláson található utasítások szerint.
g) Egy kis serpenyőben keverjük össze a rizsecetet, a cukrot és a sót. Lassú tűzön addig melegítjük, amíg a cukor és a só fel nem oldódik.
h) Ha a rizs megfőtt, tegyük át egy nagy tálba. Fokozatosan adjuk hozzá az ecetes keveréket, óvatosan hajtsuk a rizsbe. Hagyja a rizst szobahőmérsékletre hűlni.
A HOT DOG SUSHI ÖSSZESZERELÉSE:
i) Helyezzen egy műanyag fóliát egy bambusz sushi gördülőszőnyegre.
j) Helyezzen egy nori lapot a műanyag fóliára, fényes oldalával lefelé.
k) Nedvesítse meg a kezét, hogy ne ragadjon le, és terítsen vékony réteg sushi rizst a norira, hagyjon egy kis szegélyt a tetején.
l) Helyezzen egy csík grillezett hot dogot a rizs alsó szélére.
m) Adjon hozzá bármilyen tetszőleges feltétet, például savanyúságot, mustárt, ketchupot vagy savanyú káposztát.
n) A bambuszszőnyeg segítségével óvatosan tekerje fel a sushit, finom nyomással henger alakúra formálja.
o) Kevés vízzel lezárjuk a szélét.
p) Ismételje meg a folyamatot a többi hozzávalóval.
q) Miután feltekertük, éles késsel szeleteljük fel a hot dog sushi tekercset falatnyi darabokra.
r) Helyezze el a hot dog sushit egy tálra.
s) Mártáshoz szójaszósszal tálaljuk.

13. Bacon Sushi

ÖSSZETEVŐK:
- 1/4 csésze sajt
- 1 kaliforniai paprika
- 30 tots
- 10 bacon csík
- 1 tojás

UTASÍTÁS:

a) Hozzon létre egy bacon szövést 5 csík hosszában és 5 csík szélességében.
b) Egy tojást összekeverünk a tépőzárral, és összetörjük.
c) A kaliforniai paprikát felszeleteljük.
d) A pépesített tott keveréket a szalonnás szövésre kenjük úgy, hogy a tetején egy baconcsíkot hagyjunk fedetlenül. A tetejére cheddar sajtot szórunk, és vékony paprikaszeleteket adunk hozzá.
e) Tekerjük fel a szalonnát.
f) Rögzítse a tekercset fogpiszkálóval, és süsse 350 °F-on 35 percig.
g) Hagyja kihűlni, mielőtt óvatosan tekercsekre szeletelné.

14. Gofris reggeli sushi

ÖSSZETEVŐK:
- 1/2 szeletelt ananász
- 1 szeletelt piros körte
- 6 szeletelt eper
- 1 szeletelt mangó
- 1 szeletelt banán
- 2 csésze gofri keverék
- 1 1/3 csésze tej
- 2 evőkanál növényi olaj
- 1 tojás
- 1/4 cukor
- 6 dkg tejszínhab
- juharszirup
- Főző spray
- péksütemény, édes, krém, torta, pite, lekvár

UTASÍTÁS:
a) Szeletelje fel a gyümölcsöt hosszú, vékony formára, hogy jól illeszkedjen a tekercsbe.
b) Egy közepes méretű tálban keverjük össze a gofrikeveréket, a tejet, a tojást, a növényi olajat és a cukrot.
c) Fújja be a gofrisütőt főzőspray-vel az előmelegítés után. Apránként kanalazzuk bele a gofrikeveréket, ügyeljünk arra, hogy ne töltsük túl a vasalót.
d) Főzzük a gofrit 5 percig, vagy amíg puha és bolyhos nem lesz, vagy ízlés szerint.
e) Sodrófa segítségével laposra tekerjük a gofrit, ügyelve arra, hogy ne tekerd túl sokat.
f) Minden gofrira kenjük a tejszínhabot, amíg egyenletes réteget nem kapunk.
g) Adjon hozzá tetszőleges gyümölcsöket a tetejére sorban, szorosan egymás mellett. A legtöltelékesebb oldallal kezdve a gofrit önmagába forgatjuk, ügyelve arra, hogy a töltelék és a sajtkrém a belsejében maradjon.
h) A tekercset szeleteljük szeletekre.
i) Tálald gofris sushidat juharsziruppal körettel.

15.Unikornis Sushi fánk

ÖSSZETEVŐK:
SUSHI RIZS:
- 1 csésze sushi rizs
- 1 1/2 csésze víz
- 1 evőkanál rizsecet
- 1 evőkanál cukor
- 1/2 evőkanál só

UNIKORNIS SUSHI RIZS:
- 1 1/2 csésze sushi rizs, 3 tálba osztva
- 1 evőkanál répa savanyú káposztalé vagy céklalé
- 1/2-1 evőkanál E3 Live (vagy 1/3 teáskanál spirulina)
- 1/2 teáskanál kurkuma

ÖNTETEK:
- 1/2-1 avokádó, vékony szeletekre vágva
- 2 evőkanál chipotle majonéz (bolti vagy olajmentes recept alább)
- Szezámmag, díszítéshez + bármilyen egyéb tetszőleges feltét

OLAJMENTES „MAYO" CHIPOTLE:
- 1/2 csésze víz
- 1/2 csésze nyers kesudió, egy éjszakán át áztatva
- 2 evőkanál adobo szósz, adobo chipotle paprika dobozából
- 2 evőkanál paradicsompüré
- 2 teáskanál citromlé
- 1/4 teáskanál só + ízlés szerint még több

TOVÁBBI feltét:
- 1/2-1 evőkanál avokádó vékony szeletekre vágva
- 2 evőkanál chipotle majonéz (bolti vagy olajmentes recept alább)
- 1 evőkanál szezámmag, díszítéshez
- 1 evőkanál + tetszőleges egyéb feltét

SZOLGÁLÁS (OPCIONÁLIS):
- Szójaszósz és nori négyzetek

UTASÍTÁS:
SUSHI RIZS:
a) Öblítse át a sushi rizst egy finom szitán, amíg a víz tiszta nem lesz, körülbelül 2-3 alkalommal. Tegye a rizst egy rizsfőzőbe vagy egy közepes edénybe vízzel, és hagyja ázni 30 percig.
b) Adja hozzá a rizst egy rizsfőzőhöz vagy főzőlaphoz. Rizs főzőlapon főzéséhez: forraljuk fel az áztatott rizst, majd fedjük le és pároljuk 20 percig. Ha az edényben vagy a rizsfőzőben megfőtt, vegyük le a tűzről (fedővel!), és hagyjuk állni lefedve 10 percig.
c) A rizsecetet, a cukrot és a sót egy kis serpenyőben, közepes lángon összekeverjük, és addig főzzük, amíg a cukor elolvad, de fel nem forr. Öntsük az ecetes keveréket a rizsre, és hajtsuk össze. Tálalás előtt hűtsük le szobahőmérsékletre.

UNICORN SUSHI FÁNK:
d) Osszuk el egyenletesen a sushi rizst 3 tál között (egyenként 1/2 csésze), majd osszuk el a kurkumát, a céklalevet és az E3 Live-t (minden tálban 1-1). Hajtsa össze, amíg egyenletesen el nem keveredik, ne törje össze a rizst.
e) Véletlenszerűen osszuk el a hideg sushi rizst a fánktálcán, ügyelve arra, hogy ne takarja el a serpenyő középső lyukát. Nyomja le a rizst, hogy szorosan összeérjen, majd fordítsa meg a serpenyőt fejjel lefelé, hogy óvatosan távolítsa el a rizskarikákat. Előfordulhat, hogy a rizst egy kanál segítségével lazítani kell, mielőtt kivenné.
f) Díszítsd a sushi fánkot avokádóval, chipotle majonézzel (recept lent) és fekete szezámmaggal tetszés szerint, majd tálald szójaszósszal és egy nori lappal (opcionális).

CHIPOTLE MAYO:
g) Tegye a kesudiót és a hozzá tartozó vizet egy turmixgépbe, és közepes fokozaton turmixolja körülbelül 30 másodpercig, majd melegítse magasra. Addig turmixoljuk, amíg a szósz már nem lesz szemcsés az ujjaink között.
h) Adjuk hozzá a chipotle adobo szószt és a szósz többi összetevőjét.
i) Addig turmixoljuk, amíg el nem keveredik, majd ízlés szerint sózzuk.

16.Töltött uborkás sushi tekercs

ÖSSZETEVŐK:

SUSHI:
- 2 uborka
- 1 csésze nyers sushi rizs (210 g)
- 1/2 kemény avokádó, szeletelve
- 1/4 piros kaliforniai paprika, szeletelve
- 1/4 narancs kaliforniai paprika, szeletelve
- Választható kiegészítők: julienne-re vágott sárgarépa, vörös káposzta, csírák, tofu vagy mogyoróhagyma

FŰSZERES MAJÓ:
- 3 evőkanál majonéz (45 g)
- 1 evőkanál sriracha (15 g)

UTASÍTÁS:
a) A rizst a csomagoláson található utasítások szerint főzzük meg.
b) Vágja félbe mindegyik uborkát, és távolítsa el a magokat kiskanállal vagy késsel, hogy hosszú, üreges csövet hozzon létre.
c) Egy uborka belsejét kikanalazzuk.
d) Kanalazz bele egy kis mennyiségű rizst, majd egy kis késsel nyomd össze a cső egyik oldala felé.
e) Helyezzen bele egy szelet avokádót és néhány szelet borsot, majd adjon hozzá több rizst, hogy kitöltse a réseket, nyomja össze, és adjon hozzá több rizst, amíg meg nem telik.
f) Egy uborka töltése rizzsel és sárgarépával.
g) Éles késsel szeletelje fel az uborkát 1/2 hüvelyk vastag darabokra. Ha vágás közben észreveszi, hogy a töltelék laza, töltsön bele több rizst és paprikát, ahol szükséges.
h) Tálalja kedvenc sushi kísérőivel, például fűszeres majonézzel, szójaszósszal, ecetes gyömbérrel és wasabival.

17.Sajtburger Sushi

ÖSSZETEVŐK:
- 3 db burger zsemle
- 8 oz oldalsó steak
- 1 szelet sajt
- 1/2 hagyma
- 4 oz fej saláta
- 1 egész paradicsom
- 3 oz ketchup
- 3 oz mustár

UTASÍTÁS:
a) Főzzük az oldalsó steaket ízlésünk szerint.
b) Lapítsd el a hamburgerzsemlét egy sushi alátét tetején, így téglalapot hozz létre.
c) Helyezze az oldalsó steaket, a sajtot, a hagymát, a salátát és a paradicsomot (vagy a kívánt feltétet) a szőnyeg egyik oldalára, majd tekerje fel.
d) Szeletelje fel, hogy kis tekercseket készítsen, majd élvezze egy kis ketchuppal és mustárral.

18.Banán Nutella Desszert Sushi

ÖSSZETEVŐK:
- 2 banán
- 2 palacsinta
- 2-3 evőkanál Nutella

UTASÍTÁS:

a) Melegítse a palacsintát egy serpenyőben közepes lángon körülbelül 45 másodpercig mindkét oldalán. Használhat bolti palacsintát, vagy elkészítheti saját magát is így.

b) Tegye a palacsintát sima felületre, és kenje meg bőségesen Nutellával. Ügyeljen arra, hogy hagyjon 1/2 hüvelykes szegélyt a palacsinta körül.

c) Hámozzuk meg a banánt, és helyezzük a palacsinta 1/4-ére, majd kezdjük el tekerni a palacsintát.

d) Éles késsel 6-8 darabra vágjuk a tekercset.

e) Helyezze a tekercseket egy tányérra, és élvezze a finom Banana Nutella Desszert Sushit!

19.Banános pisztácia sushi

ÖSSZETEVŐK:
- 2 banán
- 70 g kiváló minőségű 72%-os étcsokoládé, olvasztott
- 100 g pirított pisztácia apróra vágva

UTASÍTÁS:

a) A banánokat meghámozzuk, és mindkét végére fogpiszkálót szúrunk, hogy könnyebben tartsuk, miközben csokoládéval bevonjuk.

b) A banánokat olvasztott csokoládéval bevonjuk, majd megszórjuk apróra vágott pisztáciával.

c) Pár percre betesszük őket a fagyasztóba, hogy a csokoládé megdermedjen.

d) Ha már kellően kemény a csokoládé, éles késsel vágjuk a banánt falatnyi sushi darabokra.

e) Önmagában, vagy mártáshoz extra olvasztott csokoládéval tálaljuk. Élvezd!

20.Sushi Cukorka

ÖSSZETEVŐK:
- 1 rizses Krispie csemege
- 1 Gyümölcs Tekercs-Up
- 4-5 svéd hal
- 4-5 gumiféreg

UTASÍTÁS:
a) Vágja négy részre a rizses Krispie-t.
b) Helyezzen egy svéd halat a Rice Krispie Treat tetejére.
c) Tépje fel a Gyümölcs Tekercs-Up-ot vékony csíkokra.
d) Tekerj egy Fruit Tekercs-Up csíkot a Rice Krispie Treat és a Swedish Fish köré.
e) Változatként próbálja meg lecserélni a Swedish Fisht gumiférgekre.

21.Csokis banántekercs

ÖSSZETEVŐK:

- 2 érett banán
- 1 csésze csokis mogyorós kenhető
- 1 csésze ropogós rizspehely
- 4 lap rizspapír

UTASÍTÁS:

a) A banánt meghámozzuk és hosszában felszeleteljük.
b) Minden rizspapír lapra csokoládé-mogyorós kenetet kenünk.
c) Helyezzen banánszeleteket a rizspapír egyik szélére.
d) Szórjunk ropogós rizsreszeléket a banánra.
e) Szorosan feltekerjük a rizspapírt, hasonlóan a sushi tekercshez.
f) Szeleteljük falatnyi darabokra és tálaljuk.

22.Karamell almás sushi

ÖSSZETEVŐK:

- 2 alma, vékonyra szeletelve
- Karamell szósz
- 1 csésze granola
- 4 tortilla

UTASÍTÁS:

a) Egy tortillát laposra fektetünk, és megkenjük egy réteg karamellszósszal.
b) Az almaszeleteket egyenletesen a tortillára helyezzük.
c) Granolával szórjuk meg az almát.
d) A tortillát szorosan feltekerjük, és sushi méretű darabokra szeleteljük.
e) Kívánság szerint meglocsoljuk további karamellszósszal.

23.Matcha Zöld teaCrepe Sushi

ÖSSZETEVŐK:

- 1 csésze univerzális liszt
- 2 tojás
- 1 csésze tej
- 1 evőkanál cukor
- 1 teáskanál matcha por
- Édes vörösbab paszta
- Szeletelt kivi vagy más gyümölcs

UTASÍTÁS:

a) Egy tálban habosra keverjük a lisztet, a tojást, a tejet, a cukrot és a matcha port, hogy palacsintát készítsünk.
b) A vékony palacsintát serpenyőben megfőzzük.
c) Kenje meg mindegyik palacsintát édes vörösbab masszával.
d) Helyezze a felszeletelt gyümölcsöket az egyik szélére, és tekerje fel a palacsintát.
e) Szeleteljük fel sushi nagyságú darabokra, és tálaljuk.

24.Áfonyás boldogságMochi Sushi

ÖSSZETEVŐK:

- 1 csésze nyálkás rizsliszt
- 1/4 csésze cukor
- 1 csésze áfonya
- Cukrozott sűrített tej
- Mochi-csomagolók vagy nori csíkok

UTASÍTÁS:

a) Keverjük össze a nyálkás rizslisztet és a cukrot, majd pároljuk, amíg ragacsos tésztát nem kapunk.
b) Lapítsuk el a mochi tésztát, és tegyünk a közepébe néhány áfonyát.
c) Hajtsuk össze és formázzuk kis sushiszerű téglalapokká.
d) Tálalás előtt meglocsoljuk cukrozott sűrített tejjel.

25.Citromos áfonyás sushi tekercs

ÖSSZETEVŐK:
- 2 csésze főtt sushi rizs
- 1 citrom héja
- 1 csésze áfonya
- Krémsajt
- Nóri lapok

UTASÍTÁS:
a) A citromhéjat keverjük a főtt sushi rizshez.
b) Vékony réteg krémsajtot kenünk a nori lapokra.
c) A krémsajtos oldalára tegyük a sushirizst és az áfonyát.
d) Szorosan feltekerjük és felszeleteljük.

26.Gyümölcsös palacsinta sushi túróval

ÖSSZETEVŐK:
PALACSINTÁHOZ:
- 1 csésze univerzális liszt
- 2 evőkanál cukor
- 1 teáskanál sütőpor
- 1/2 teáskanál szódabikarbóna
- 1/4 teáskanál só
- 1 csésze író
- 1 nagy tojás
- 2 evőkanál sótlan vaj, olvasztott
- Főzőpermet vagy extra vaj a főzéshez

KITÖLTÉSÉHEZ:
- Túró
- Válogatott gyümölcsök (eper, kivi, mangó stb.), vékonyra szeletelve

OPCIONÁLIS feltét:
- édesem
- Darált dió (például mandula vagy pisztácia)
- Mentalevél díszítéshez

UTASÍTÁS:
a) Egy nagy tálban keverjük össze a lisztet, a cukrot, a sütőport, a szódabikarbónát és a sót.
b) Egy külön tálban habosra keverjük az írót, a tojást és az olvasztott vajat.
c) A nedves hozzávalókat a száraz hozzávalókhoz öntjük, és addig keverjük, amíg össze nem áll. Ügyeljen arra, hogy ne keverje túl; néhány csomó rendben van.
d) Melegíts fel egy rácsot vagy tapadásmentes serpenyőt közepes lángon. Enyhén kenjük be főzőpermettel vagy vajjal.
e) Minden palacsintához öntsön 1/4 csésze tésztát a rácsra. Addig sütjük, amíg buborékok keletkeznek a felületen, majd megfordítjuk, és a másik oldalát is aranybarnára sütjük. Ismételje meg, amíg az összes palacsinta meg nem fő.

ÖSSZEÁLLÍTJA A GYÜMÖLCSÖSSZUSHI TEkercseket:
f) Miután a palacsinták eléggé kihűltek ahhoz, hogy kezelni lehessen, kenjük meg minden palacsintát egy réteg túróval.
g) Helyezzen vékony szeleteket válogatott gyümölcsökből a palacsinta egyik szélére.
h) Óvatosan tekerje rá a palacsintát a gyümölcsre, és készítsen egy sushi tekercset. Ügyeljen arra, hogy szoros legyen, de gyengéd, nehogy eltörjön a palacsinta.
i) Éles késsel szeletelje fel a palacsintatekercset falatnyi, sushi tekercshez hasonló darabokra.

OPCIONÁLIS feltét:
j) Csorgassunk mézet a gyümölcsös sushi tekercs tetejére.
k) Szórjon meg apróra vágott diót a ropogósabb és ízesebb íz érdekében.
l) Díszítsd mentalevéllel a friss érintés érdekében.
m) A gyümölcsös sushi tekercseket tányérra rendezzük, és azonnal tálaljuk. Élvezze ezt az egyedülálló és finom csavart a sushi-n!

27.Sushi brazil dióval

ÖSSZETEVŐK:
- 6 nori lap, széles csíkokra vágva
- ⅜ csésze brazil dió
- 1 avokádó
- 1 kevés csésze savanyú káposzta

UTASÍTÁS:
a) A diót durvára vágjuk, az avokádót pedig felkockázzuk.
b) Keverjük össze a savanyú káposztával.
c) Tegye a keveréket nori csíkokra és hajtsa össze.

EGZOTIKUS SUSHI TEKERCS

28.Wagyu Marha Sushi tekercs

ÖSSZETEVŐK:
- 1 kiló Wagyu marhahús, vékonyra szeletelve
- 1 uborka, szeletelve
- Sushi rizs, 2 csésze
- Nóri, 4 lap
- 2 mogyoróhagyma, szeletelve

KISZOLGÁLNI
- Szója szósz
- Wasabi

UTASÍTÁS:
a) A sushi rizst a csomagoláson feltüntetett módon kell elkészíteni.
b) Egy sushi alátétre fektess egy nori lapot, és borítsd be rizzsel.
c) A rizs tetejére elrendezzük a vékonyra szeletelt Wagyu marhahúst, az uborkát és a mogyoróhagymát.
d) Szorosan feltekerve szeleteljük fel a sushit.
e) A wasabi és a szójaszósz ingyenes.

29.Uni és Tobiko sushi tekercs

ÖSSZETEVŐK:

- 4 lap nori hínár
- 2 csésze víz
- Sushi rizs, 2 csésze
- 1 teáskanál só
- ¼ csésze rizsecet
- Cukor, 1 evőkanál
- ½ csésze Tobiko
- ½ csésze Uni/tengeri sün
- 1 avokádó, szeletelve
- 1 uborka, szeletelve

KISZOLGÁLNI

- Pácolt gyömbér
- Szója szósz
- Wasabi

UTASÍTÁS:

a) Finom szűrőben öblítse le a sushi rizst, amíg a víz tiszta nem lesz. A rizst és a vizet egy közepes méretű fazékban felforraljuk. Csökkentse a hőt alacsonyra, és fedje le szorosan záródó fedéllel, miután forrni kezd. 15 percig főzzük, majd levesszük a tűzről, és lefedve 10 percre félretesszük.

b) A rizs főzése közben készítse el a sushi ecetet úgy, hogy a rizsecetet, a cukrot és a sót egy kis serpenyőben, alacsony lángon összekeverjük. Időnként megkeverve főzzük, amíg a cukor és a só elolvad. Tedd félre hűlni.

c) Ha kész a rizs, tedd egy nagy keverőtálba, és hagyd félre néhány percre kihűlni. Öntsük a sushi ecetet a rizsre, és óvatosan keverjük hozzá.

d) Helyezzen egy nori lapot fényes oldalával lefelé egy bambusz sushi alátétre. Fedje le a norit vékony sushirizs bevonattal, és hagyjon egy 1 hüvelykes szegélyt a felső szélén.

e) Helyezze az avokádót, az uborkát, a Tobikot és az Unit a rizs tetejére. A sushit a szőnyeg segítségével erősen tekerd fel. A tapadás elősegítése érdekében enyhén nedvesítse meg a nori felső szegélyét.

f) Ismételje meg a többi hozzávalóval négy sushi tekercs elkészítéséhez.

g) A sushi tekercseket 8 darabban szójaszósszal, wasabival és ecetes gyömbérrel tálaljuk.

30.Hamagari Kagyló Sushi

ÖSSZETEVŐK:

- 10 Hamagari kagyló, őrlemény nélkül
- 200 ml Sake
- 40 ml ecet
- 20 gramm cukor
- 3 evőkanál szójaszósz
- 4 evőkanál cukor
- 40 ml Mirin
- 700 gramm frissen főtt rizs
- ⅔ teáskanál só

UTASÍTÁS:

a) Dörzsölje össze a kagylóhéjakat folyó víz alatt, hogy eltávolítsa a nyálkás részeket.
b) Egy külön serpenyőben forraljuk fel a főzőszakét, miután a kagylókat megfőtték. Fedjük le fedővel, és pároljuk a kagylókat 3-4 percig, mielőtt kivesszük őket a tartályból. A serpenyőben lévő folyadék megtakarítható és később felhasználható.
c) Nyissa fel a héjakat úgy, hogy kést szúr beléjük. Óvatosan távolítsa el a húst, nehogy megsérüljön.
d) Állítsa be a hús állapotát, és a pengével pillangózza le a húst a lábról.
e) Keverje össze az "A" összetevőket egy serpenyőben a 2. lépésből származó maradék kagylólével, és forralja alacsony lángon, amíg a szósz besűrűsödik.
f) Egy faedényben keverje össze a rizst és a "B" komponenseket. Hozzákeverjük a „B" hozzávalókat, miközben a rizst pörgetjük.
g) A kezünkkel és az ecetes keverékkel formázzuk a sushi rizst nigiri sushivá. Befejezésként megkenjük a mártással a kagylóhúst, és szép formára formázzuk.

31. Homár Sushi tekercs

ÖSSZETEVŐK:
- Sushi rizs, 2 csésze
- 1 avokádó, szeletelve
- ¼ csésze majonéz
- Nóri, 4 lap
- 1 kiló főtt homárhús, apróra vágva
- 1 uborka, szeletelve

KISZOLGÁLNI
- ecetes gyömbér
- szója szósz

UTASÍTÁS:
a) A sushi rizs elkészítésekor kövesse a csomagoláson található utasításokat.
b) A majonézt főtt homárhúshoz kell kombinálni.
c) Egy sushi alátétre fektess egy nori lapot, majd egy réteg rizst.
d) A rizs tetejére szórjuk a homárkeveréket, az avokádószeleteket és az uborkaszeleteket.
e) A szorosan felcsavart sushit hengerlés után szeleteljük fel.
f) Ecetes gyömbérrel és szójaszósszal tálaljuk.

32.Daikon Retek és Omlett Sushi

ÖSSZETEVŐK:
FŐTT SZÁRÍTOTT DAIKON RETEKHEZ
- 1 uncia szárított daikon retek, beáztatva és hosszú csíkokra vágva
- ⅔ csésze dashi leves alaplé
- 3 evőkanál szójaszósz
- Cukor, 2 evőkanál
- 1 evőkanál mirin

TOJÁSOMLETTHOZ
- 2 tojás
- 2 teáskanál cukor
- Repceolaj

FUTOMAKI TEkercsekhez
- 4 lap nori
- 6 csésze elkészített sushi rizs
- 1 kis uborka, megvágva és hosszában felvágva

UTASÍTÁS:
a) Egy közepes edényben keverje össze a dashi leves alaplevet, a szójaszószt, a cukrot és a mirint.
b) Közepes méretű fazékban felforraljuk.
c) Adjuk hozzá a kanpyót, és lassú tűzön főzzük, amíg szinte az összes folyadék el nem fogy. Hűtsük le.

A TAMAGOJAKI SZÁMÁRA
d) Verjük fel a tojást és a cukrot egy kis tálban.
e) Kevés serpenyőben felhevítjük a repceolajat, hogy lefedjük az edényt. A tojásos keverékkel vékony réteget készítünk.
f) Ezután hajtsa össze, vagy lassan tekerje vastag tekercsbe a tojásos omlettet.
g) Kivesszük a tepsiből és hagyjuk kihűlni. Csinálj belőle hosszú rudakat.
h) Fedje le a bambusz szőnyeget egy darab műanyag fóliával.

A FUTOMAKI SUSHI TEkercsekhez
i) A bambusz szőnyegre helyezzen egy jelentős lapot pörkölt, szárított hínárból a műanyag fóliára.
j) Egy negyed csésze sushi rizst rétegezzünk egyenletesen a szárított hínárlapra.
k) Az uborka rudakat, az omlettet és a kanpyo-t vízszintesen elrendezzük a rizs tetején, középen. A sushit úgy kell hengerré formálni, hogy a bambuszszőnyeget feltekerjük és előre nyomjuk.
l) Erős nyomással távolítsa el a bambusz szőnyeget a sushiról.
m) Vágja a felgöngyölt Futomaki sushit olyan apró darabokra, hogy elfogyassza.
n) A sushi tekercset éles, nedves késsel falatnyi darabokra vágjuk.
o) Tálaljuk a sushit wasabival és szójaszósszal egy tálon.

33. Füstölt lazac és krémsajtos sushi tekercs

ÖSSZETEVŐK:
- 1 kiló füstölt lazac, szeletelve
- 4 uncia krémsajt
- Sushi rizs, 2 csésze
- Nóri, 4 lap
- 1 uborka, szeletelve

KISZOLGÁLNI
- Szója szósz
- Wasabi

UTASÍTÁS:
a) Főzzük meg a sushi rizst a csomagoláson található utasítások szerint.
b) A nori lapot vékonyan megkenjük krémsajttal.
c) A krémsajt tetejére rétegezzük a füstölt lazacot és az uborkát.
d) Szorosan feltekerjük a sushit, és falatnyi darabokra vágjuk.
e) Wasabival és szójaszósszal tálaljuk.

34. Tonhal és mangó sushi tekercs

ÖSSZETEVŐK:
- 1 font friss tonhal, szeletelve
- Nóri, 4 lap
- 1 érett mangó, szeletelve
- Sushi rizs, 2 csésze

KISZOLGÁLNI
- Szója szósz
- Wasabi

UTASÍTÁS:
a) Főzzük meg a sushi rizst a csomagoláson található utasítások szerint.
b) A rizst egy sushi alátéten lévő nori lap tetejére terítjük.
c) Helyezze a tonhal- és mangószeleteket a rizs tetejére.
d) Szorosan feltekerjük a sushit, és falatnyi darabokra vágjuk.
e) Wasabival és szójaszósszal tálaljuk.

35.Fűszeres Shiitake gombás tekercs

ÖSSZETEVŐK:
- 1 csésze sushi rizs, főzve
- 1 evőkanál rizsecet
- 1 csésze kukoricakeményítő
- növényi olaj
- Cukor, 1 evőkanál
- ½ evőkanál só
- 7 nagy szárított shiitake gomba forró vízbe áztatva, lecsöpögtetve és csíkokra szeletelve
- 2 teáskanál Ener-G 5 evőkanál vízzel elkeverve
- 2 nori lap
- 2 evőkanál sriracha, keverve 1-2 evőkanál Vegenaise-val

DÍSZÍT
- tört pirospaprika

KISZOLGÁLNI
- ecetes gyömbér
- szója szósz

UTASÍTÁS:
a) Egy nagy üvegtálban keverje össze a főtt rizst, a rizsecetet, a cukrot és a sót, majd süsse a mikrohullámú sütőbe 10-15 másodpercig.
b) Alaposan összedolgozzuk és félretesszük.
c) Egy kis serpenyőben közepes-magas lángon hevíts fel elegendő olajat.
d) Ha kész az olaj, mártson néhány gombaszeletet az Ener-G keverékbe, mielőtt bevonja őket kukoricakeményítővel.
e) 2 perc után az olajban leszűrjük.
f) Egy sushi alátétre helyezzünk egy nori lapot.
g) Vigyen fel egyenletes réteg rizst a lapra.
h) Ujjbeggyel egyenletesen elosztjuk a rizst.
i) Helyezze a gomba felét a nori lap rövidebb végére.
j) Miután bevontuk a sriracha-Vegenais keverékkel, lassan és óvatosan tekerjük fel, hogy a lehető legszorosabb legyen.
k) 8 tekercsre vágjuk.
l) Szójaszósszal és ecetes gyömbérrel tálaljuk, majd tegyük a tetejére törött pirospaprikát.

36.Avokádó uborkás sushi tekercs

ÖSSZETEVŐK:
SUSHI RIZS
- 1 csésze rövid szemű barna rizs, főzve
- 2 evőkanál rizsecet
- Cukor, 1 evőkanál
- 1 teáskanál tengeri só

A TEKERCSEKHEZ:
- ⅓ csésze mikrozöld, ha szükséges
- 1 uborka, hosszú csíkokra szeletelve
- 1 érett mangó függőleges csíkokra szeletelve
- Nóri, 4 lap
- 1 avokádó, szeletelve
- 2 evőkanál szezámmag, opcionális

KISZOLGÁLNI:
- Kókuszos földimogyoró szósz, tamari vagy ponzu szósz

UTASÍTÁS:
SUSHI RIZS:
a) A főtt rizst villával felpörgetjük, mielőtt hozzáadjuk a sót, a cukrot és a rizsecetet.
b) Félretesz, mellőz.

ÖSSZEGYŰLNI:
c) Helyezzen egy nori lapot fényes oldalával felfelé egy bambuszszőnyegre, és töltsön rizst az alsó kétharmadába.
d) A tetejére rétegezzük a feltéteket.
e) Tegye a norit a bambuszszőnyegbe úgy, hogy feltekerje.
f) Formázza meg és enyhén nyomja meg a tekercset.
g) A sushit szeletekre vágjuk.
h) Kókuszos mogyorószósszal, tamari- vagy ponzuszósszal az oldalára tálaljuk.

37.Fűszeres fésűkagyló sushi tekercs

ÖSSZETEVŐK:
- 1 kiló friss tengeri herkentyű, apróra vágva
- ¼ csésze majonéz
- Sriracha szósz
- Sushi rizs, 2 csésze
- Nóri, 4 lap

KISZOLGÁLNI
- Szója szósz
- Wasabi

UTASÍTÁS:
a) Főzzük meg a sushi rizst a csomagoláson található utasítások szerint.
b) Keverje össze a kagylót, a majonézt és a Sriracha szószt egy keverőtálban.
c) A rizst egy sushi alátéten lévő nori lap tetejére terítjük.
d) A rizst megkenjük a kagylós keverékkel.
e) Szorosan feltekerjük a sushit, és falatnyi darabokra vágjuk.
f) Wasabival és szójaszósszal tálaljuk.

38.Rák és avokádó sushi tekercs

ÖSSZETEVŐK:
- Nóri, 4 lap
- 1 kiló rákhús
- Sushi rizs, 2 csésze
- 1 avokádó, szeletelve

KISZOLGÁLNI
- Szója szósz
- Wasabi

UTASÍTÁS:
a) Főzzük meg a sushi rizst a csomagoláson található utasítások szerint.
b) A rizst egy sushi alátéten lévő nori lap tetejére terítjük.
c) A rákhúst és az avokádószeleteket elrendezzük a rizs tetején.
d) Szorosan feltekerjük a sushit, és falatnyi darabokra vágjuk.
e) Wasabival és szójaszósszal tálaljuk.

39. Mázas padlizsán Sushi

ÖSSZETEVŐK:

- 1½ csésze elkészített hagyományos sushi rizs
- 1 kis japán padlizsán, szeletekre vágva
- Olaj a főzéshez
- Szójaszósz, 1 evőkanál
- ½ teáskanál sötét szezámolaj
- ½ teáskanál miso paszta
- Rizsecet, 1 teáskanál
- 1 teáskanál pirított szezámmag
- 1 teáskanál darált zöldhagyma, csak zöld részek

UTASÍTÁS:

a) Kezdje a Sushi rizs elkészítésével.
b) Melegítse elő a sütőt 350 °F-ra.
c) Sütőpapírt tegyünk egy tepsire.
d) Egy kis tálban keverje össze a szójaszószt, a sötét szezámolajat, a miso pasztát és a rizsecetet.
e) A keverékkel megkenjük a padlizsánszeletek mindkét oldalát.
f) Helyezze a darabokat laposan egy sütőpapírral bélelt tepsire.
g) 7 percig főzzük. Hagyja teljesen kihűlni a padlizsánszeleteket.
h) Helyezzen egy bambusz gördülőszőnyeget egy műanyag fólia tetejére.
i) A padlizsánszeletekkel vízszintes sort készítsen a műanyag fólián.
j) Vizes ujjakkal oszlassuk el a sushi rizst a padlizsánon.
k) Fedjük le a sushi rizst műanyag fóliával.
l) Fordítsa fejjel lefelé a műanyag csomagolóanyagot, hogy a rizs az aljára kerüljön.
m) Formázz a sushiból téglalapot a bambusz hengerszőnyeg segítségével.
n) Vágja a sushit 8 részre úgy, hogy átvágja a műanyag fóliát.
o) Óvatosan távolítsa el a műanyag fóliát.
p) A tálaláshoz a darabokat egy tálra rendezzük.
q) A darabokat megszórjuk szezámmaggal és zöldhagymával.

40.Angolna és uborkás sushi tekercs

ÖSSZETEVŐK:

- 1 font angolna, főzve és felszeletelve
- Sushi rizs, 2 csésze
- Nóri, 4 lap
- Uborka, szeletelve
- Unagi szósz

KISZOLGÁLNI

- Szója szósz
- Wasabi
- Sushi gyömbér

UTASÍTÁS:

a) Főzzük meg a sushi rizst a csomagoláson található utasítások szerint.
b) A rizst egy sushi alátéten lévő nori lap tetejére terítjük.
c) Helyezze az angolna- és uborkaszeleteket a rizs tetejére.
d) Az angolnát és a rizst meglocsoljuk az Unagi szósszal.
e) Szorosan feltekerjük a sushit, és falatnyi darabokra vágjuk.
f) Tálaljuk kedvenc köreteivel.

41. Ropogós enoki gombás tekercs

ÖSSZETEVŐK:
A SUSHI RIZSÉHEZ
- Rizsecet, 1 teáskanál
- Cukor, 1 teáskanál
- Só, ½ teáskanál
- 1 csésze sushi rizs, főzve

AZ ENOKI GOMBÁHOZ
- 7 uncia köteg enoki gomba, 8 darabra törve
- 1 csésze víz
- 2 evőkanál Ener-G
- 1 csésze kukoricakeményítő, szükség esetén még több
- sok repce-, növényi- vagy szőlőmagolaj

ÖSSZEGYŰLNI
- 4 pirított nori lap
- 4 evőkanál fehér szezámmag
- 4 evőkanál vegán majonéz
- 4 evőkanál sriracha
- 8 shiso levél
- 1 evőkanál fekete szezámmag, díszítéshez

UTASÍTÁS:
a) Dobd fel a rizst rizsecettel, cukorral és ízlés szerint sóval.
b) A gombák elkészítéséhez holland sütőben közepes-nagy lángon elég olajat hevítünk.
c) Egy kis, sekély tálban keverje össze a vizet és az Ener-G-t, majd tegyen két Enoki-darabot a keverékbe, és dobja fel, hogy ellepje.
d) Kézzel óvatosan dobd bele a kukoricakeményítőbe.
e) Süssük meg a gombát az olajon körülbelül három percig, egyszer-kétszer megforgatjuk.
f) A megsütött gombát papírtörlőre tesszük, megszórjuk sóval, és félretesszük lecsepegni.
g) Az építéshez a kihűlt rizst négy részre osztjuk.
h) Helyezzen egy nori lapot fényes oldalával lefelé egy műanyagba csomagolt szőnyegre.
i) Áztasd be a rizst vízbe, mielőtt egyenletesen eloszlatnád a nori lapon.
j) Tegyünk a tetejére 1 evőkanál szezámmagot.
k) Keverjük össze a majonézt és a srirachát.
l) Egy evőkanál szószból kenjünk egy vonalban a rizs hozzánk legközelebb eső végére.
m) A tekercs mindkét végére tegyen egy shiso levelet.
n) Vágjuk le a gomba végén a durva alapot, és két Enoki-darabot vonjunk be a shisho levéllel, majd főzzük meg a gombát a szokásos módon.
o) Erős, de gyengéd markolattal tekerje fel a sushit a szőnyegen.
p) Használjon vizet a vég lezárásához.
q) Vágja a sushit nyolc részre úgy, hogy kettévágja, majd ismét félbe.
r) Fejezze be fekete szezámmaggal és több sriracha majonézzel.

42.Kaviáros és krémsajtos sushi tekercs

ÖSSZETEVŐK:

- 1 uncia kaviár
- 4 uncia krémsajt
- Sushi rizs, 2 csésze
- Nóri, 4 lap

KISZOLGÁLNI

- Szója szósz
- Wasabi

UTASÍTÁS:

a) Főzzük meg a sushi rizst a csomagoláson található utasítások szerint.
b) A nori lapot vékonyan megkenjük krémsajttal.
c) A krémsajtot megkenjük kis mennyiségű kaviárral.
d) A kaviár és a krémsajt tetejére rétegezzük a sushi rizst.
e) Szorosan feltekerjük a sushit, és falatnyi darabokra vágjuk.
f) Wasabival és szójaszósszal tálaljuk.

43.Tonhal Tartare Sushi Tekercs

ÖSSZETEVŐK:
- 1 font friss tonhal, kockára vágva
- Nóri lapok
- Avokádó, szeletelve
- Sriracha, 1 evőkanál szósz
- Szójaszósz, 1 evőkanál
- Sushi rizs
- 2 evőkanál majonéz
- Uborka, szeletelve

KISZOLGÁLNI
- Szója szósz
- Wasabi

UTASÍTÁS:
a) Keverje össze a felkockázott tonhalat, a majonézt, a sriracha szószt és a szójaszószt egy keverőtálban.
b) Főzzük meg a sushi rizst a csomagoláson található utasítások szerint.
c) A rizst egy sushi alátéten lévő nori lap tetejére terítjük.
d) Helyezze a tonhal-tatárt, az avokádószeleteket és az uborkaszeleteket a rizs tetejére.
e) Szorosan feltekerjük a sushit, és falatnyi darabokra vágjuk.
f) Wasabival és szójaszósszal tálaljuk.

44.Puha héjrák Sushi tekercs

ÖSSZETEVŐK:

- Sushi rizs
- 4 puha héjú rák
- Nóri lapok
- Avokádó, szeletelve
- 1 tojás
- 1 csésze univerzális liszt
- ½ csésze kukoricakeményítő
- 1 csésze panko zsemlemorzsa

KISZOLGÁLNI

- Szója szósz
- Wasabi

UTASÍTÁS:

a) Egy keverőtálban keverje össze a lisztet, a kukoricakeményítőt, a tojást és a vizet, hogy tésztát készítsen.
b) A puha héjú rákot mártsuk bele a tésztába, majd a panko zsemlemorzsába.
c) A puha héjú rákokat olajon aranybarnára sütjük.
d) Főzzük meg a sushi rizst a csomagoláson található utasítások szerint.
e) A rizst egy sushi alátéten lévő nori lap tetejére terítjük.
f) A rizs tetejére helyezzük a megsült puha héjú rákot és az avokádó szeleteket.
g) Szorosan feltekerjük a sushit, és falatnyi darabokra vágjuk.
h) Wasabival és szójaszósszal tálaljuk.

45.Fésűkagyló és Tobiko Sushi tekercs

ÖSSZETEVŐK:
- ½ kiló friss tengeri herkentyű, szeletelve
- Sushi rizs
- Nóri lapok
- 2 evőkanál majonéz
- sriracha szósz, 2 evőkanál
- Tobiko/repülő halikra

KISZOLGÁLNI
- Szója szósz
- Wasabi

UTASÍTÁS:
a) Keverje össze a szeletelt tengeri herkentyűt, a majonézt és a sriracha szószt egy keverőedényben.
b) Főzzük meg a sushi rizst a csomagoláson található utasítások szerint.
c) A rizst egy sushi alátéten lévő nori lap tetejére terítjük.
d) A rizs tetejét a kagyló keverékével és a tobikóval megkenjük.
e) Szorosan feltekerjük a sushit, és falatnyi darabokra vágjuk.
f) Wasabival és szójaszósszal tálaljuk.

46.Toro és Caviar Sushi

ÖSSZETEVŐK:

- Sushi rizs, 2 csésze
- Nóri, 4 lap
- 1 uncia kaviár
- ½ font toro (zsíros tonhal)

KISZOLGÁLNI

- Szója szósz
- Wasabi

UTASÍTÁS:

a) Főzzük meg a sushi rizst a csomagoláson található utasítások szerint, majd tegyük félre hűlni.
b) A vékony szeletekre vágott toro szeleteket tegyük félre.
c) Terítsen egy réteg sushi rizst egy hínárlapra egy szusiszőnyegen, és hagyjon 1 hüvelykes szegélyt a tetején.
d) A rizs tetejére tegyen néhány szelet toro-t és egy kaviárcseppet.
e) A sushiszőnyeg segítségével szorosan tekerje fel a sushit, nedvesítse meg vízzel a hínárlap felső szélét, hogy lezárja a tekercset.
f) A tekercset falatnyi darabokban szójaszósszal és wasabival tálaljuk.

47. Homár és szarvasgomba olajos sushi

ÖSSZETEVŐK:
- Sushi rizs, 2 csésze
- 2 teáskanál szarvasgomba olaj
- Nóri, 4 lap
- ½ font főtt homárhús

KISZOLGÁLNI
- ecetes gyömbér
- szója szósz

UTASÍTÁS:
a) Főzzük meg a sushi rizst a csomagoláson található utasítások szerint, majd tegyük félre hűlni.
b) Dobd falatnyi darabokra a homárhúst a szarvasgomba olajjal.
c) Terítsen egy réteg sushi rizst egy hínárlapra egy szusiszőnyegen, és hagyjon 1 hüvelykes szegélyt a tetején.
d) A homárdarabokat a rizs tetejére helyezzük.
e) A sushiszőnyeg segítségével szorosan tekerje fel a sushit, nedvesítse meg vízzel a hínárlap felső szélét, hogy lezárja a tekercset.
f) A tekercset falatnyi darabokban, ecetes gyömbérrel és szójaszósszal tálaljuk.

48. Foie Gras és Füge Sushi

ÖSSZETEVŐK:
- Nóri, 4 lap
- Sushi rizs, 2 csésze
- ¼ font libamáj
- 4 friss füge

KISZOLGÁLNI
- Szója szósz
- Wasabi

UTASÍTÁS:
a) Főzzük meg a sushi rizst a csomagoláson található utasítások szerint, majd tegyük félre hűlni.
b) Tegye félre a libamájt, amelyet vékony szeletekre kell vágni.
c) A friss fügét falatnyi darabokra vágjuk.
d) Terítsen egy réteg sushi rizst egy hínárlapra egy szusiszőnyegen, és hagyjon 1 hüvelykes szegélyt a tetején.
e) A rizs tetejére tegyen néhány szelet libamájt és friss fügedarabokat.
f) A sushiszőnyeg segítségével szorosan tekerje fel a sushit, nedvesítse meg vízzel a hínárlap felső szélét, hogy lezárja a tekercset.
g) A tekercset falatnyi darabokban szójaszósszal és wasabival tálaljuk.

49.Uni és Wagyu Marha Sushi

ÖSSZETEVŐK:

- Sushi rizs, 2 csésze
- Nóri, 4 lap
- ¼ font uni/tengeri sün
- ¼ font Wagyu marhahús

KISZOLGÁLNI

- Szója szósz
- Wasabi

UTASÍTÁS:

a) Főzzük meg a sushi rizst a csomagoláson található utasítások szerint, majd tegyük félre hűlni.
b) A vékony szeletekre vágott Wagyu húst félretesszük.
c) Egy hínárlapra terítsünk egy réteg uni-t.
d) Az uni tetejére tegyünk néhány szelet Wagyu marhahúst.
e) A sushiszőnyeg segítségével szorosan tekerje fel a sushit, nedvesítse meg vízzel a hínárlap felső szélét, hogy lezárja a tekercset.
f) A tekercset falatnyi darabokban szójaszósszal és wasabival tálaljuk.

50.Retek és garnélarák Sushi Nigiri

ÖSSZETEVŐK:

- Sushi rizs
- Retek, vékonyra szeletelve
- Főtt garnélarák
- Szójaszósz mártáshoz

UTASÍTÁS:

a) Vegyünk egy kis mennyiségű sushi rizst, és formázzunk belőle egy kis téglalap alakú tömböt.
b) Helyezzen egy szelet retket a rizstömb tetejére.
c) A retek tetejére főtt garnélarákot teszünk.
d) Ismételje meg a többi hozzávalóval.
e) Tálaljuk a sushi nigirit szójaszósszal a mártáshoz.

51.Királyrák és avokádó sushi

ÖSSZETEVŐK:
- Sushi rizs, 2 csésze
- 1 avokádó
- Nóri, 4 lap
- ½ font királyrák hús

KISZOLGÁLNI
- ecetes gyömbér
- szója szósz

UTASÍTÁS:
a) Főzzük meg a sushi rizst a csomagoláson található utasítások szerint, majd tegyük félre hűlni.
b) Készíts apró szeleteket a királyrák húsából.
c) Vágja az avokádót vékony szeletekre.
d) Terítsen egy réteg sushi rizst egy hínárlapra egy szusiszőnyegen, és hagyjon 1 hüvelykes szegélyt a tetején.
e) Rendezzük a királyrákot és az avokádót a rizs tetejére.
f) A sushiszőnyeg segítségével szorosan tekerje fel a sushit, nedvesítse meg vízzel a hínárlap felső szélét, hogy lezárja a tekercset.
g) A tekercset falatnyi darabokban, ecetes gyömbérrel és szójaszósszal tálaljuk.

52.Tengeri sügér és szarvasgombás sushi

ÖSSZETEVŐK:
- Sushi rizs, 2 csésze
- ½ font tengeri sügér
- 2 teáskanál szarvasgomba olaj
- Nóri, 4 lap

KISZOLGÁLNI
- Szója szósz
- Wasabi

UTASÍTÁS:
a) Főzzük meg a sushi rizst a csomagoláson található utasítások szerint, majd tegyük félre hűlni.
b) Dobd vékony szeletekre a tengeri sügért a szarvasgomba olajjal.
c) Terítsen egy réteg sushi rizst egy hínárlapra egy szusiszőnyegen, és hagyjon 1 hüvelykes szegélyt a tetején.
d) A tengeri sügér szeleteket elrendezzük a rizs tetején.
e) A sushiszőnyeg segítségével szorosan tekerje fel a sushit, nedvesítse meg vízzel a hínárlap felső szélét, hogy lezárja a tekercset.
f) A tekercset falatnyi darabokban szójaszósszal és wasabival tálaljuk.

53.Kacsa és Hoisin szósz sushi

ÖSSZETEVŐK:
- Sushi rizs, 2 csésze
- Nóri, 4 lap
- ½ kiló főtt kacsamell
- 2 evőkanál hoisin szósz

KISZOLGÁLNI
- Szója szósz
- Wasabi

UTASÍTÁS:
a) Főzzük meg a sushi rizst a csomagoláson található utasítások szerint, majd tegyük félre hűlni.
b) A főtt kacsamellet a hoisin szósszal kis darabokra dobjuk.
c) Terítsen egy réteg sushi rizst egy hínárlapra egy szusiszőnyegen, és hagyjon 1 hüvelykes szegélyt a tetején.
d) A kacsadarabokat a rizs tetejére rendezzük.
e) A sushiszőnyeg segítségével szorosan tekerje fel a sushit, nedvesítse meg vízzel a hínárlap felső szélét, hogy lezárja a tekercset.
f) A tekercset falatnyi darabokban szójaszósszal és wasabival tálaljuk.

54.Zsíros lazac és avokádó sushi

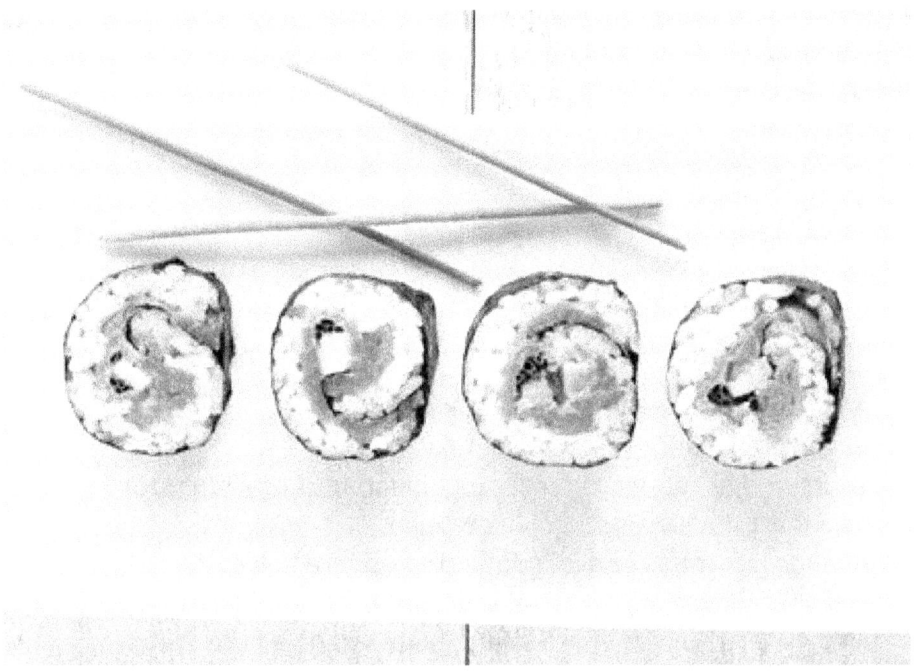

ÖSSZETEVŐK:
- ½ kiló zsíros lazac
- Sushi rizs, 2 csésze
- 1 avokádó
- Nóri, 4 lap

KISZOLGÁLNI
- Szója szósz
- Wasabi

UTASÍTÁS:
a) Főzzük meg a sushi rizst a csomagoláson található utasítások szerint, majd tegyük félre hűlni.
b) A zsíros lazacból apró szeleteket készítünk.
c) Vágja az avokádót vékony szeletekre.
d) Terítsen egy réteg sushi rizst egy hínárlapra egy szusiszőnyegen, és hagyjon 1 hüvelykes szegélyt a tetején.
e) A zsíros lazacot és az avokádót a rizs tetejére helyezzük.
f) A sushi szőnyeg segítségével szorosan tekerje fel a sushit, nedvesítse meg vízzel a hínárlap felső szélét, hogy lezárja a tekercset.
g) A tekercset falatnyi darabokban tálaljuk szójaszósszal és wasabival.

55. Angolna és avokádó sushi

ÖSSZETEVŐK:
- Sushi rizs, 2 csésze
- ½ font főtt angolna
- 1 avokádó
- Nóri, 4 lap

KISZOLGÁLNI
- Szója szósz
- Wasabi

UTASÍTÁS:
a) Főzzük meg a sushi rizst a csomagoláson található utasítások szerint, majd tegyük félre hűlni.
b) A főtt angolnát vékony szeletekre kell vágni.
c) Vágja az avokádót vékony szeletekre.
d) Terítsen egy réteg sushi rizst egy hínárlapra egy szusiszőnyegen, és hagyjon 1 hüvelykes szegélyt a tetején.
e) A rizs tetejére helyezzük az angolnát és az avokádót.
f) A sushiszőnyeg segítségével szorosan tekerje fel a sushit, nedvesítse meg vízzel a hínárlap felső szélét, hogy lezárja a tekercset.
g) A tekercset falatnyi darabokban szójaszósszal és wasabival tálaljuk.

56.Homár és kaviár sushi

ÖSSZETEVŐK:
- Sushi rizs, 2 csésze
- ½ font főtt homárhús
- 2 evőkanál kaviár
- Nóri, 4 lap

KISZOLGÁLNI
- Szója szósz
- Wasabi

UTASÍTÁS:
a) Főzzük meg a sushi rizst a csomagoláson található utasítások szerint, majd tegyük félre hűlni.
b) A főtt homárhúst apró darabokra kell vágni.
c) A sushi rizst vékony kaviárréteggel fedjük be.
d) Terítsen egy réteg sushi rizst egy hínárlapra egy szusiszőnyegen, és hagyjon 1 hüvelykes szegélyt a tetején.
e) Rendezzük el a homárhúst a rizs tetején.
f) A sushiszőnyeg segítségével szorosan tekerje fel a sushit, nedvesítse meg vízzel a hínárlap felső szélét, hogy lezárja a tekercset.
g) A tekercset falatnyi darabokban szójaszósszal és wasabival tálaljuk.

57. Fekete rizses sushi tekercs tofuval és zöldségekkel

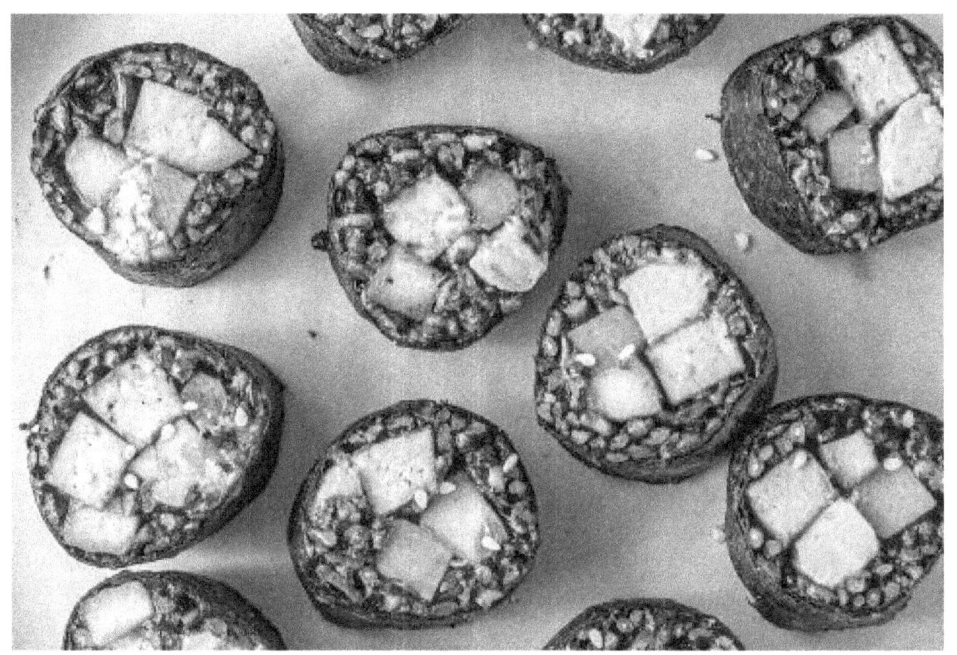

ÖSSZETEVŐK:

- 1 lap nori hínár
- ½ csésze fekete rizs, főtt
- ¼ csésze kockára vágott kemény tofu
- sárgarépa, ¼ csésze
- juliened uborka, ¼ csésze
- Szezámmag, 1 evőkanál

KISZOLGÁLNI

- Szójaszósz mártáshoz

UTASÍTÁS:

a) A fekete rizs főzéséhez kövesse a csomagoláson található utasításokat.
b) Fedje be a nori hínárt a főtt fekete rizzsel, hagyjon egy 1 hüvelykes szegélyt a felső szélén.
c) A rizs tetejére helyezzük a kockára vágott tofut, a sárgarépát és az uborkát.
d) A tetejét megszórjuk szezámmaggal.
e) Egy sushi alátét segítségével szorosan tekerd fel a sushit.
f) A sushit darabokra vágva, mártogatáshoz szójaszósszal tálaljuk.

58.Grillezett angolna és avokádó sushi tekercs

ÖSSZETEVŐK:
- 1 lap nori hínár
- ¼ avokádó, szeletelve
- ½ csésze sushi rizs
- 2 uncia grillezett angolna, szeletelve
- unagi szósz, 1 evőkanál

KISZOLGÁLNI
- Szójaszósz mártáshoz

UTASÍTÁS:
a) A sushi rizst a csomagoláson található utasítások szerint elkészítjük.
b) Fedje be a nori hínárt a főtt rizzsel, hagyjon egy 1 hüvelykes szegélyt a felső szélén.
c) Helyezze a grillezett angolnát és avokádó szeleteket a rizs tetejére.
d) Unagi szószt öntsünk a tetejére.
e) Egy sushi alátét segítségével szorosan tekerd fel a sushit.
f) A sushit darabokra vágva, mártogatáshoz szójaszósszal tálaljuk.

59.Retek és zöldség Sushi Tekercs

ÖSSZETEVŐK:
- Nori hínár lapok
- Sushi rizs
- Retek, vékonyra szeletelve
- Sárgarépa, juliened
- Uborka, juliened
- Avokádó, szeletelve
- Szójaszósz mártáshoz

UTASÍTÁS:
a) Helyezzen egy nori lapot egy bambusz sushi alátétre.
b) Egy réteg sushi rizst terítsen a norira, hagyjon egy kis szegélyt a tetején.
c) Helyezzen retekszeleteket, sárgarépát, uborkát és avokádószeleteket a rizs közepére.
d) A bambusz szőnyeg segítségével szorosan tekerje fel a sushit.
e) Szeleteljük falatnyi darabokra, és szójaszósszal tálaljuk.

60.Tonhal és szójabab Sushi

ÖSSZETEVŐK:
SUSHI RIZS:
- 2 csésze rizsfőző japán rövid szemű rizs
- 1 db kombu
- 4 evőkanál rizsecet
- Cukor, 2 evőkanál
- 1 evőkanál só
- Víz

SUSHI TEkercsek:
- 1 perzsa/japán uborka
- 6,8 uncia sashimi minőségű tonhal
- 1 doboz fermentált szójabab
- 5 lap nori

KISZOLGÁLNI
- Szója szósz
- Wasabi
- Sushi gyömbér

UTASÍTÁS:
a) A rizst többször öblítse le, hogy a lehető legtöbb keményítőt eltávolítsa, majd áztassa legalább 30 percre vízbe.
b) A rizst rizsfőzőben, megfelelő mennyiségű vízzel megfőzzük.
c) Egy kis serpenyőben keverjük össze a rizsecetet, a sót és a cukrot, és forraljuk fel közepesen magas lángon, folyamatosan keverjük, amíg a cukor fel nem oldódik. Hagyjuk kihűlni.
d) A megfőtt rizst egy megnedvesített, lapos aljú edénybe tesszük, belekeverjük a sushiecetet, és félretesszük.
e) Fedje le az edényt egy nedves ruhával, és tegye el.
f) A hosomaki elkészítéséhez vágja félbe az uborkát hosszában, majd vágja újra ketté.
g) Miután a tonhalat 1/4-1/2"-es darabokra szeletelte, vágja azokat 1/4-1/2" vastag hosszú csíkokra.
h) Ízesítsük a nattot szójaszósszal vagy a csomagolásból származó ételízesítővel, majd keverjük össze, amíg ragacsos nem lesz.
i) Keverjen össze 1/4 csésze vizet és 1 evőkanál rizsecetet egy kis tálban. Merítse a kezét az ecetes vízbe, hogy a rizs ne ragadjon össze.
j) Vágja ketté a téglalap alakú hínár hosszabbik oldalát. Helyezze a fél lapot a bambusz sushi szőnyegre, fényes oldalával lefelé úgy, hogy a hosszabbik oldala párhuzamos legyen a szőnyeg hozzád legközelebb eső oldalával. A szomszédos oldalon hagyjon 3-4 lécet láthatóvá.
k) Nedvesítse meg a mérőpoharat ecetes vízzel, és 1/2 csészét kanalazzon a nedves kezébe. Terítse el a rizst a nori lap bal közepén, hagyjon 1"-es helyet a felső szélén.
l) Helyezzen egy tölteléket a rizs közepére, és forgassa rá a sushit, a rizsréteg szélére érve, miközben ujjaival tartsa lenyomva. Enyhén formázza és húzza meg a tekercset a szőnyegen keresztül.
m) A szőnyeg eltávolítása után forgassa újra a sushit, hogy rögzítse a hínár szélét.
n) Vágja a tekercset 6 részre, folyamatosan nedvesítve nedves ruhával a kést.
o) Tálaljuk különféle fűszerekkel.

61.Sárgarépa lox és avokádó sushi

ÖSSZETEVŐK:
A SUSHI RIZSÉHEZ
- Só, ½ teáskanál
- 1 csésze sushi rizs, főzve
- Rizsecet, 1 teáskanál
- Cukor, 1 teáskanál

A TÖLTETÉSHEZ
- 1 csésze elkészített sárgarépa lox
- 1 evőkanál vegán majonéz
- Sriracha, 1 evőkanál
- ½ avokádó, szeletelve
- 4 pirított nori lap

UTASÍTÁS:
a) Dobd fel a sushi rizst cukorral, sóval és ízlés szerint rizsecettel.
b) A töltelék elkészítéséhez keverje össze a vegán majonézt, a srirachát és a vegán loxot.
c) Az összeállításhoz a kihűlt rizst négyfelé osztjuk.
d) Helyezzen egy nori lapot fényes oldalával lefelé egy műanyagba csomagolt szőnyegre.
e) Nedvesítse meg ujjait vízzel, miután egyenletesen terítette el a rizst a nori lapon, hogy megakadályozza a ragadást.
f) Vágja a loxot négy egyenlő részre.
g) Adjon hozzá néhány avokádó szeletet és egy vékony loxvonalat az Önhöz legközelebb eső oldal mentén, úgy, hogy a szabad vége nézzen Öntől távolabb.
h) Erős, de gyengéd markolattal tekerje fel a sushit a szőnyegen.
i) Zárja le a végét vízzel.
j) Vágja fel a sushit nyolc részre úgy, hogy kettévágja, majd mindegyik felét kettévágja.
k) Tányéron tálaljuk.
l) A tetejére ecetes gyömbért, wasabit és szójaszószt teszünk.

62.Barna rizs zöldségtekercs

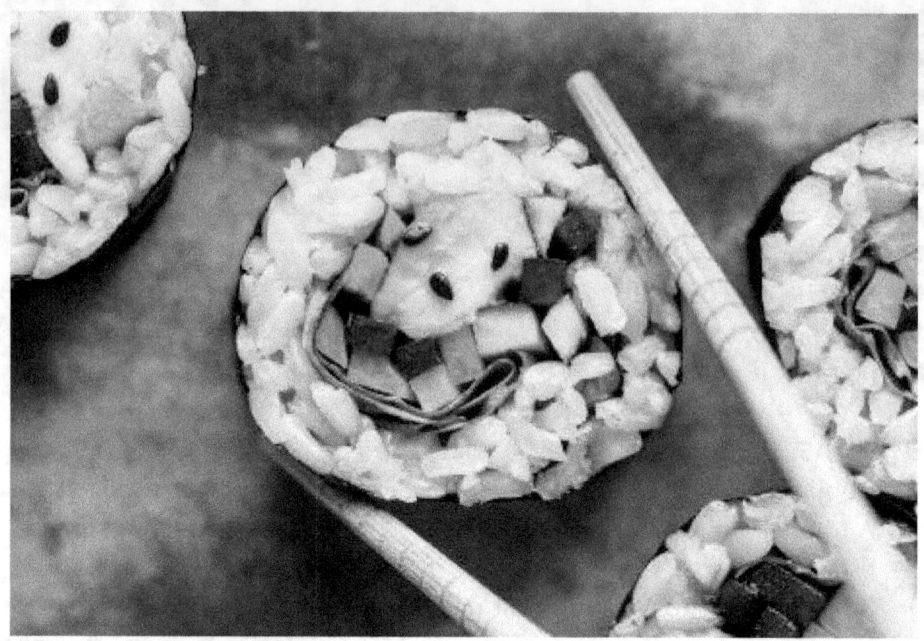

ÖSSZETEVŐK:

- 1 ½ csésze barna basmati rizs
- 1 evőkanál rizsecet
- Nóri, 4 lap
- 1 angol uborka, csíkokra vágva
- 1 ½ evőkanál szezámmag
- 3 ½ csésze víz
- 1 evőkanál méz
- ¾ avokádó
- 8 db salátalevél
- 1 csésze sárgarépa

UTASÍTÁS:

a) A rizst alaposan megmossuk, és alacsony lángon 30-45 percig főzzük.
b) Tegye félre a főtt rizst tíz percre pihenni.
c) Keverje össze a mézet és a rizsecetet egy közepes keverőtálban.
d) Adjuk hozzá a főtt rizst ehhez a keverékhez, és erőteljesen keverjük addig, amíg a rizsszemek egyenletesen bevonódnak.
e) A sushi vagy tekercs elkészítéséhez egyenletesen oszlassa el a főtt rizst egy nori darabon.
f) A rizshez keverjünk össze két salátalevelet, avokádót, sárgarépát és egy uborkát.
g) Keverjünk bele néhány pirított szezámmagot.
h) Tekerje fel a lapot egy tekercsbe, és ellenőrizze, hogy minden hozzávaló jól be van-e csomagolva.
i) Tekerd a végére.
j) Szeleteld fel a tekercseket, és tálald kedvenc savanyúságoddal és fűszerekkel.

63.Sushi tekercs quinoával és avokádóval

ÖSSZETEVŐK:
- 1 lap nori hínár
- ½ csésze főtt quinoa
- ¼ avokádó, szeletelve
- ¼ csésze sárgarépa
- ¼ csésze juliened uborka
- Szezámmag, 1 evőkanál

KISZOLGÁLNI
- Szójaszósz mártáshoz

UTASÍTÁS:
a) Fedje be a nori hínárt a főtt quinoával, és hagyjon 1 hüvelykes szegélyt a felső szélén.
b) A quinoa tetejére rétegezzük a szeletelt avokádót, a sárgarépát és az uborkát.
c) A tetejét megszórjuk szezámmaggal.
d) Egy sushi alátét segítségével szorosan tekerd fel a sushit.
e) A sushit darabokra vágva, mártogatáshoz szójaszósszal tálaljuk.

64.Retek és uborka Sushi Tekercs

ÖSSZETEVŐK:
- Nori hínár lapok
- Sushi rizs
- Retek, vékonyra szeletelve
- Uborka, juliened
- Pácolt gyömbér
- Szójaszósz mártáshoz

UTASÍTÁS:
a) Helyezzen egy nori lapot egy bambusz sushi alátétre.
b) Egy réteg sushi rizst terítsen a norira, hagyjon egy kis szegélyt a tetején.
c) Helyezzen retekszeleteket és uborkát a rizs közepére.
d) A bambusz szőnyeg segítségével szorosan tekerje fel a sushit.
e) Szeleteljük falatnyi darabokra, és pácolt gyömbérrel és szójaszósszal tálaljuk.

SUSHI TÁLAK

65.Dinamit fésűkagylóSushi Tál

ÖSSZETEVŐK:

- 2 csésze (400 g) elkészített Traditional Sushi rizs
- 2 teáskanál darált zöldhagyma (mogyoróhagyma), csak zöld részek
- ¼ angol uborka (japán uborka), kimagozva és apró kockákra vágva
- 2 rákrudautánzat, lábos, aprított
- 8 uncia (250 g) friss tengeri kagyló, feldarabolva, főzve és melegen tartva
- 4 púpozott evőkanál fűszeres majonéz vagy több ízlés szerint
- 2 teáskanál pirított szezámmag

UTASÍTÁS:

a) Készítse elő a sushi rizst és a fűszeres majonézt.
b) Gyűjts össze 4 martini poharat. Tegyünk ½ teáskanál darált zöldhagymát minden pohár aljára.
c) Helyezze a sushi rizst és a felkockázott uborkát egy kis tálba. Jól összekeverni.
d) Nedvesítse meg az ujjbegyét, mielőtt felosztja a rizs-uborka keveréket az egyes poharak között. Finoman simítsa el a rizs felületét.
e) Osszuk el a felaprított rákrudat a poharak között. Minden pohárba adjon ¼-et a meleg tengeri kagylóból.
f) Tegyünk egy púpozott evőkanál fűszeres majonézt minden pohár tartalmára. Használjon főzőlámpát, hogy a fűszeres majonézt körülbelül 15 másodpercig habosra pirítsa.
g) Tálalás előtt szórjunk meg ½ teáskanál pirított szezámmagot minden pohár tetejére.

66.Sonka és barack sushi tál

ÖSSZETEVŐK:

- 2 csésze elkészített hagyományos sushi rizs
- 1 nagy őszibarack kimagozva és 12 szeletre vágva
- ½ csésze Sushi rizsöntet
- ½ teáskanál fokhagymás chili szósz
- Sötét szezámolaj csepp
- 4 uncia Szárított sonka vékony csíkokra vágva
- 1 csokor vízitorma, vastag szárát eltávolítjuk

UTASÍTÁS:

a) Készítse elő a sushi rizst és az extra sushi rizs öntetet.
b) Helyezze az őszibarack szeleteket egy közepes tálba. Adjuk hozzá a Sushi rizsöntetet, a fokhagymás chili szószt és a sötét szezámolajat. Az őszibarackot alaposan beleforgatjuk a pácba, mielőtt letakarjuk. Hagyja az őszibarackot szobahőmérsékleten dermedni a pácban legalább 30 percig, de legfeljebb 1 óráig.
c) Gyűjts össze 4 kis adagolótálat. Nedvesítse meg az ujjbegyét, mielőtt ½ csésze (100 g) elkészített sushi rizst helyezne mindegyik tálba. Finoman simítsa el a rizs felületét. Ossza el egyenletesen a feltéteket tetszetős mintázatban az egyes edények tetején, így adagonként 3 barackszeletet hagyhat. (A folyadék nagy részét lecsepegtetheti az őszibarackról, mielőtt a tálak tetejére tenné, de ne törölje szárazra.)
d) Tálaljuk villával és szójaszósszal a mártáshoz, ha szükséges.

67.Narancssárga Sushi csészék

ÖSSZETEVŐK:

- 1 csésze elkészített hagyományos sushi rizs
- 2 mag nélküli köldöknarancs
- 2 teáskanál szedett szilvamassza
- 2 teáskanál pirított szezámmag
- 4 nagy shiso levél vagy bazsalikomlevél
- 4 teáskanál darált zöldhagyma, csak zöld részek
- 4 rákbot utánzat, lábos fazon
- 1 lap nori

UTASÍTÁS:

1. Készítse elő a sushi rizst.
2. A narancsokat keresztben félbevágjuk. Távolítson el egy-egy apró szeletet a felek aljáról, hogy mindegyik a vágódeszkára kerüljön. Egy kanál segítségével távolítsa el a belső részeket mindegyik feléből. Tartsa fenn az esetleges gyümölcsleveket, pépet és szeleteket más felhasználásra, például a ponzu szószra.
3. Mártsa be az ujjbegyét vízbe, és tegyen körülbelül 2 evőkanál elkészített sushi rizst minden narancsos tálba.
4. A rizsre kenjük ½ teáskanálnyi savanyított szilvapürét. Adjon hozzá további 2 evőkanál rizst minden tálhoz. Szórjon ½ teáskanál pirított szezámmagot a rizsre.
5. Helyezzen egy shiso levelet minden tál sarkába. Minden tálban halmozzon fel 1 teáskanál zöldhagymát a shiso levelek elé. Vegyük a rákrudautánzatokat, és dörzsöljük a tenyereink között, hogy aprítsuk, vagy egy késsel vágjuk fel. Halmozzon egy-egy rúdnyi rákot minden tál tetejére.
6. Tálaláskor a norit késsel gyufaszálra vágjuk. Minden tál tetejére tegyen néhány nori-reszeléket. Szójaszósszal tálaljuk.

68.Támogatás Sushi Tál

ÖSSZETEVŐK:

- 1½ csésze sushi rizs
- 4 nagy vajas salátalevél
- ½ csésze pörkölt földimogyoró, durvára vágva
- 4 teáskanál darált zöldhagyma, csak zöld részek
- 4 nagy shiitake gomba, szárát eltávolítva és vékonyra szeletelve
- Fűszeres tofu mix
- ½ sárgarépa, spirálisan vágva vagy aprítva

UTASÍTÁS:

a) Készítse elő a sushi rizs és fűszeres tofu keveréket.
b) A vajas saláta leveleket egy tálalótálcára helyezzük.
c) Keverje össze az elkészített sushi rizst, a pörkölt földimogyorót, a darált zöldhagymát és a shiitake gombaszeleteket egy közepes tálban.
d) Osszuk el a kevert rizst a salátás „tálak" között.
e) Finoman csomagolja be a rizst a salátatálba.
f) Osszuk el a fűszeres tofu keveréket a salátatálak között.
g) Mindegyik tetejére tegyen néhány sárgarépa örvényt vagy reszeléket.
h) Tálaljuk a rántott tálakat édesített szójasziruppal.

69.Tojás, sajt és zöldbab sushi tál

ÖSSZETEVŐK:

- 1½ csésze elkészített hagyományos sushi rizs
- 10 zöldbab, blansírozva és csíkokra vágva
- 1 japán omlett lap, kockákra vágva
- 4 evőkanál kecskesajt, morzsolva
- 2 teáskanál darált zöldhagyma, csak zöld részek

UTASÍTÁS:

1. Készítse elő a sushi rizst és a japán omlettlapot.
2. Nedvesítse meg az ujjbegyét, mielőtt minden tálba ¾ csésze sushi rizst adna.
3. Óvatosan simítsa el a rizs felületét minden tálban.
4. Oszd el a zöldbabot, az omlett tojásreszeléket és a kecskesajtot a 2 tál között tetszetős mintázatban.
5. Tálaláskor szórjunk 1 teáskanál zöldhagymát minden tálba.

70.Barack Sushi Tál

ÖSSZETEVŐK:

- 2 csésze elkészített hagyományos sushi rizs
- 1 nagy őszibarack kimagozva és 12 szeletre vágva
- ½ csésze Sushi rizsöntet
- ½ teáskanál fokhagymás chili szósz
- Sötét szezámolaj csepp
- 1 csokor vízitorma, vastag szárát eltávolítjuk

OPCIONÁLIS FELTÉTELEK

- Avokádó
- Lazac
- Tonhal

UTASÍTÁS:

1. Készítse elő a sushi rizst és az extra sushi rizs öntetet.
2. Tegye az őszibarackszeleteket egy közepes tálba. Adjuk hozzá a Sushi rizsöntetet, a fokhagymás chili szószt és a sötét szezámolajat.
3. Az őszibarackot jó alaposan beleforgatjuk a pácba, mielőtt lefedjük.
4. Hagyja az őszibarackot szobahőmérsékleten dermedni a pácban legalább 30 percig, de legfeljebb 1 óráig.
5. Nedvesítse meg az ujjbegyét, mielőtt ½ csésze elkészített sushi rizst helyezne mindegyik tálba.
6. Finoman simítsa el a rizs felületét.
7. Ossza el egyenletesen a feltéteket tetszetős mintázatban az egyes edények tetején, így adagonként 3 barackszeletet hagyhat.
8. Tálaljuk villával és mártáshoz szójaszósszal.

71.Ratatouille Sushi Tál

ÖSSZETEVŐK:

- 2 csésze elkészített hagyományos sushi rizs
- 4 nagy paradicsom, blansírozva és meghámozva
- 1 evőkanál darált zöldhagyma, csak zöld részek
- ½ kis japán padlizsán, megpirítva és kis kockákra vágva
- 4 evőkanál pirított hagyma
- 2 evőkanál Szezám tésztaöntet

UTASÍTÁS:

a) Készítse el a sushi rizs és szezám tészta öntetet.
b) Tedd egy közepes tálba a sushi rizst, a zöldhagymát, a padlizsánt, a sült hagymát és a szezámos tésztaöntetet, és jól keverd össze.
c) Mindegyik paradicsom tetejét levágjuk, a közepét kikanalazzuk.
d) Minden paradicsomos tálba kanalazzon ½ csésze kevert sushi rizs keveréket.
e) A kanál hátuljával finoman lapítsa el a rizst.
f) A paradicsomos tálakat villával tálaljuk.

72. Ropogós sült tofu sushi tál

ÖSSZETEVŐK:

- 4 csésze elkészített hagyományos sushi rizs
- 6 uncia kemény tofu, vastag szeletekre vágva
- 2 evőkanál burgonyakeményítő vagy kukoricakeményítő
- 1 nagy tojásfehérje, 1 teáskanál vízzel elkeverve
- ½ csésze zsemlemorzsa
- 1 teáskanál sötét szezámolaj
- 1 teáskanál étolaj
- ½ teáskanál só
- Egy sárgarépa, 4 gyufaszálra vágva
- ½ avokádó, vékony szeletekre vágva
- 4 evőkanál kukoricaszem, főzve
- 4 teáskanál darált zöldhagyma, csak zöld részek
- 1 nori, vékony csíkokra vágva

UTASÍTÁS:
1. Készítse elő a sushi rizst.
2. Szendvicsezze a szeleteket papírtörlő rétegek vagy tiszta konyharuhák közé, és tegyen rájuk egy vastag tálat.
3. Hagyja a tofuszeleteket legalább 10 percig lecsepegni.
4. Melegítse elő a sütőt 375 °F-ra.
5. A lecsepegtetett tofuszeleteket beleforgatjuk a burgonyakeményítőbe.
6. Tegye a szeleteket a tojásfehérje keverékbe, és forgassa be őket.
7. Keverje össze a pankót, a sötét szezámolajat, a sót és az étolajat egy közepes tálban.
8. Enyhén nyomjon néhány panko keveréket mindegyik tofu szeletre.
9. Sütőpapírral bélelt tepsire tesszük a szeleteket.
10. 10 percig sütjük, majd megfordítjuk a szeleteket.
11. Süssük további 10 percig, vagy amíg a panko bevonat ropogós és aranybarna nem lesz.
12. Vegye ki a szeleteket a sütőből, és hagyja kissé kihűlni.
13. Gyűjts össze 4 kis adagolótálat. Nedvesítse meg az ujjbegyét, mielőtt minden tálba ¾ csésze sushi rizst adna.
14. Óvatosan simítsa el a rizs felületét minden tálban. Osszuk el a panko tofu szeleteket a 4 tál között.
15. Minden tálba tegyük a sárgarépa gyufaszál ¼-ét.
16. Minden tálba tegyük az avokádó szelet ¼-ét. Minden tál tetejére halmozzon 1 evőkanál kukoricaszemet.
17. Tálaláskor szórja meg a nori csíkok ¼-ét minden tálra. Édesített szójasziruppal vagy szójaszósszal tálaljuk.

73.Avokádó sushi tál

ÖSSZETEVŐK:

- 1½ csésze elkészített hagyományos sushi rizs
- ¼ kis jicama, meghámozva és gyufaszálra vágva
- ½ jalapeño chili paprika, a magokat eltávolítva és durvára vágva
- ½ lime leve
- 4 evőkanál Sushi rizsöntet
- ¼ avokádó, meghámozva, kimagozva és vékony szeletekre vágva
- 2 friss koriander ág, díszítéshez

UTASÍTÁS:

1. Készítse elő a sushi rizst és a sushi rizs öntetet.
2. Keverje össze a jicama gyufaszálakat, az apróra vágott jalapenót, a lime levét és a sushi rizsöntetet egy kis nem fém tálban. Hagyja összeérni az ízeket legalább 10 percig.
3. Engedje le a folyadékot a jicama keverékről.
4. Nedvesítse meg az ujjbegyét, mielőtt minden tálba ¾ csésze sushi rizst adna.
5. Finoman simítsa el a rizs felületét.
6. Minden tál tetejére halmozzuk a pácolt jicama ½ felét.
7. Osszuk el az avokádószeleteket a 2 tál között, mindegyiket tetszetős mintázatba rendezve a rizs fölött.
8. Tálaláskor minden tál tetejére tegyen egy friss korianderszálat és ponzu szószt.

74.Hínár rizstál

ÖSSZETEVŐK:
- 1 tojás
- Vékonyra szeletelt nori, igény szerint
- Dashi, egy csipet
- ½ teáskanál Mirin
- ½ teáskanál szójaszósz
- MSG, egy csipetnyi
- Furikake, igény szerint
- 1 csésze főtt fehér rizs

UTASÍTÁS:
a) Tegye a rizst egy tálba, és készítsen egy lapos gombóc közepébe.
b) Az egész tojást a közepébe törjük.
c) Ízesítsük fél teáskanál szójaszósszal, egy csipet sóval, egy csipet MSG-vel, egy fél teáskanál mirinnel és egy csipet Dashival.
d) Erősen keverjük pálcikákkal, hogy belekeverjük a tojást, halványsárgává, habossá és bolyhos lesz az állaga.
e) Kóstoljuk meg és szükség szerint fűszerezzük.
f) Megszórjuk furikékkal és norival, a tetejére egy kis gombócot teszünk, és hozzáadjuk a másik tojássárgáját.
g) Az étel tálalásra kész.

75.Fűszeres homár sushi tál

ÖSSZETEVŐK:

- 1½ csésze (300 g) elkészített hagyományos sushi rizs
- 1 teáskanál finomra reszelt friss gyömbérgyökér
- Egy 250 g-os párolt homár farok, héja eltávolítva és medalionokra szeletelve
- 1 kiwi, meghámozva és vékony szeletekre vágva
- 2 teáskanál darált zöldhagyma (mogyoróhagyma), csak zöld részek
- Maréknyi spirálra vágott daikon retek
- 2 friss koriander ág (koriander csík)
- 2 evőkanál sárkánylé vagy több ízlés szerint

UTASÍTÁS:

a) Készítse elő a sushi rizst és a sárkánylevet.
b) Nedvesítse meg az ujjbegyét, mielőtt a Sushi rizst két kis tálba osztaná. Óvatosan simítsa el a rizs felületét minden tálban. Egy kanál segítségével terítsen ½ teáskanál reszelt friss gyömbérgyökeret a rizsre minden edényben.
c) Osszuk ketté a homár medálokat és a kivit. A homárszeletek egyik felét a rizsre felváltva a kivi szeletek egyik felét egy tálban, egy kis helyet hagyva fedetlenül. Ismételje meg a mintát a másik tálban. Halmozzon fel 1 teáskanál darált zöldhagymát az egyes edények elejéhez. Osszuk el a spirálra vágott daikon retket a két tál között, kitöltve az üres helyet.
d) Tálaláskor minden tálban tegyünk egy friss korianderszálat a daikon retek elé. Minden edényben 1 evőkanál sárkánylevet kanalazunk a homárra és a kivire.

76.Grillezett Rövid bordákSushi Tál

ÖSSZETEVŐK:

- 2 csésze (400 g) Hagyományos Sushi rizs, Gyors és egyszerű Mikrohullámú Sushi rizs vagy barna Sushi rizs
- 1 font (500 g) kicsontozott sertésborda
- 2 evőkanál nyerscukor vagy világosbarna cukor
- 1 evőkanál rizsecet
- 2 evőkanál étolaj
- 2 teáskanál szójaszósz
- ½ teáskanál darált fokhagyma
- 2 evőkanál apróra vágott kristályos gyömbér
- ½ avokádó, meghámozva, kimagozva és vékony szeletekre vágva
- ¼ angol uborka (japán uborka), kimagozva és gyufaszálra vágva
- ¼ csésze (60 g) szárított mangó vékony csíkokra vágva

UTASÍTÁS:

a) Készítse elő a sushi rizst.
b) Dörzsölje be a rövid bordákat a cukorral. Keverje össze a rizsecetet, az étolajat, a szójaszószt és a darált fokhagymát egy közepes tálban. Helyezze a bordákat a tálba, és többször fordítsa meg őket, hogy bevonják. Fedjük le őket, és hagyjuk 30 percig pácolódni.
c) Melegítse fel a brojlert 260 °C-ra (500 °F). Helyezze a rövid bordákat egy brojler serpenyőre vagy lapos tálcára. Oldalanként körülbelül 5 percig sütjük. Vegye ki a rövid bordákat a tálcáról, és hagyja kihűlni. Vágja a rövid bordákat 1,25 cm-es kockákra. (Ha a rövid bordák csontosak, akkor érdemes leszedni a húst a csontokról.)
d) Gyűjts össze 4 kis adagolótálat. Nedvesítse meg az ujjbegyét, mielőtt ½ csésze (100 g) sushi rizst helyezne mindegyik tálba. Finoman simítsa el a rizs felületét. Szórjunk a rizsre ½ evőkanál apróra vágott kristályos gyömbért. Osszuk el a rövid bordákat a 4 tál között.
e) Az avokádószeletek ¼-ét, az uborka gyufaszálait és a mangócsíkokat tetszetős mintával a rizses tál fölé helyezzük.
f) Ízlés szerint édesített szójasziruppal tálaljuk.

77. Friss lazac és avokádó sushi tál

ÖSSZETEVŐK:
- 1½ csésze (300 g) elkészített hagyományos sushi rizs
- ¼ kis jicama, meghámozva és gyufaszálra vágva
- ½ jalapeño chili paprika, a magokat eltávolítva és durvára vágva
- ½ lime leve
- 4 evőkanál Sushi rizs öntet
- 200 g friss lazac, szeletekre vágva
- ¼ avokádó, meghámozva, kimagozva és vékony szeletekre vágva
- 2 púpozott evőkanál lazac ikra (ikura), opcionális
- 2 friss koriander (koriander) gally, a díszítéshez

UTASÍTÁS:
a) Készítse elő a sushi rizst és a sushi rizs öntetet.
b) Keverje össze a jicama gyufaszálakat, az apróra vágott jalapenót, a lime levét és a sushi rizsöntetet egy kis nem fém tálban. Hagyja összeérni az ízeket legalább 10 percig. Engedje le a folyadékot a jicama keverékről.
c) Gyűjts össze 2 kis tálat. Nedvesítse meg az ujjbegyét, mielőtt hozzáadna ¾ csésze (150 g) sushi rizst minden tálba. Finoman simítsa el a rizs felületét. Minden tál tetejére halmozzuk a pácolt jicama ½ felét. Osszuk el a lazac- és avokádószeleteket a 2 tál között, mindegyiket tetszetős mintázatba rendezve a rizs fölött. Adjon hozzá 1 púpozott evőkanál lazacikrát, ha használ, minden tálba.
d) Tálaláskor minden tál tetejére tegyen egy friss korianderszálat és ponzu szószt. szója szósz.

SAJTOTT, GUNKAN ÉS NIGIRI SUSHI

78.Gránátalma és étcsokoládé Nigiri

ÖSSZETEVŐK:
- 1 csésze gránátalma mag
- Étcsokoládé, olvasztott
- Sushi rizs
- Nóri csíkok

UTASÍTÁS:
a) A sushi rizst kis téglalapokká formázzuk, hogy nigirire hasonlítsanak.
b) A gránátalma magokat a rizsre nyomjuk.
c) A tetejére olvasztott étcsokoládét szórunk.
d) Hűtsük le, amíg a csokoládé megkeményedik.

79. Avokádó és gránátalma Nigiri

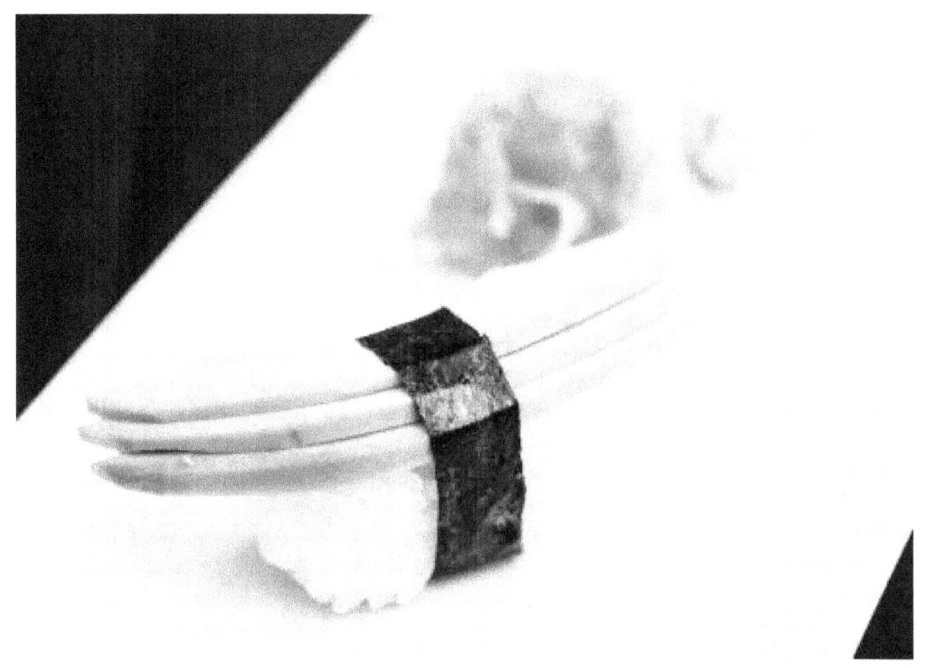

ÖSSZETEVŐK:

- 1½ csésze hagyományos sushi rizs
- 1 evőkanál gránátalma melasz
- 1 teáskanál Ponzu szósz
- ½ avokádó, 16 vékony szeletre vágva
- 1 lap nori
- 2 teáskanál gránátalma mag

UTASÍTÁS:

a) Készítse elő a sushi rizst.
b) Egy kis tálban keverjük össze a gránátalma melaszt és a ponzu szószt.
c) Mártsa be az ujjbegyét vízbe, és fröcsköljön egy keveset a tenyerére.
d) Nyomj egy diónyi golyót az elkészített sushi rizsből, körülbelül 2 evőkanálnyit, hogy egy szép téglalap alakú rizságyat kapj.
e) Vágjunk 8 csíkot keresztben a nori lapból.
f) Foglalja le a fennmaradó norit egy másik felhasználásra. Mindegyik rizságy tetejére tegyen 2 szelet avokádót.
g) Rögzítse őket egy nori csík „biztonsági övvel".
h) A tálaláshoz a darabokat egy tálra rendezzük.
i) Minden darabra kanalazzuk a gránátalma keveréket, és szórjunk rá néhány gránátalmamagot.

80.Shiitake Nigiri

ÖSSZETEVŐK:

- 1½ csésze elkészített hagyományos sushi rizs
- 8 kis shiitake gomba, szárát eltávolítva
- Olaj a főzéshez
- 1 lap nori
- 2 evőkanál Szezám tésztaöntet
- 1 teáskanál pirított szezámmag

UTASÍTÁS:

a) Készítse el a sushi rizs és szezám tészta öntetet.
b) Minden gomba tetejét késsel vágjuk be.
c) Egy nagy serpenyő aljában hevíts fel annyi olajat, hogy teljesen belepje.
d) Adjuk hozzá a gombát, és óvatosan főzzük meg, hogy felszabaduljon az illata.
e) Vegyük ki a serpenyőből és hagyjuk kihűlni.
f) Mártsa be az ujjbegyét vízbe, és fröcsköljön egy keveset a tenyerére.
g) Nyomj egy diónyi golyót az elkészített sushi rizsből, körülbelül 2 evőkanálnyit, hogy egy szép téglalap alakú rizságyat kapj.
h) Vágjunk 8 csíkot keresztben a nori lapból.
i) Foglalja le a fennmaradó norit egy másik felhasználásra.
j) Mindegyik rizságy tetejére tegyen 1 gombát.
k) A változatosság kedvéért tegye a gomba felét rizságyakra, az alsó oldalával felfelé.
l) Rögzítse a gombát egy nori csíkkal „biztonsági övvel".
m) Tálaláskor a gombás sushi darabokat egy tálra rendezzük.
n) Minden darabra kanalazzuk a szezámmetélt öntetet, és megszórjuk szezámmaggal.

81. Nigiri epres sajttorta

ÖSSZETEVŐK:

- 1 csésze graham keksz morzsa
- 1/2 csésze krémsajt, megpuhult
- 1/4 csésze porcukor
- Friss eper, szeletelve
- Nori (hínár) csíkok

UTASÍTÁS:

a) Egy tálban keverjük össze a graham kekszmorzsát, a krémsajtot és a porcukrot, amíg jól össze nem áll.
b) Kis téglalapokat formázunk a keverékből, hogy nigirihez hasonlítsanak.
c) Helyezzen minden Graham keksz téglalapot egy kis nori darabra.
d) A tetejére egy szelet friss eper kerüljön.
e) Hűtve tálaljuk.

82. Füstölt Tofu Nigiri

ÖSSZETEVŐK:

- 1½ csésze elkészített hagyományos sushi rizs
- 16 uncia csomagolt tofu, a csomagolási folyadéktól lecsepegve
- ½ csésze Tempura szósz
- 1 lap nori
- 4 evőkanál Sushi rizsöntet
- ½ teáskanál sötét szezámolaj
- ½ teáskanál fokhagymás chili szósz

UTASÍTÁS:

a) Készítse elő a sushi rizst és a Tempura szószt.
b) Tegyünk egy marék füstölt chipset vízbe ázni.
c) Tedd a tofut egy kis tálba, és add hozzá a Tempura szószt.
d) Fordítsa meg néhányszor, hogy bevonja. Hagyja a tofut pácolódni körülbelül 10 percig.
e) Melegítse fel szabadtéri grillét. A beáztatott faforgácsot csomagold be alufóliába.
f) Egy pálcikával többször szúrja ki az alufóliát.
g) Adja hozzá a fóliacsomagot a grillhez.
h) Amikor füstölni kezd, tegye a pácolt tofut a grillrácsokra, és zárja le a grill fedelét. Füstöljük a tofut 20 percig.
i) Vegyük le a grillről és hagyjuk teljesen kihűlni.
j) Mártsa be az ujjbegyét vízbe, és fröcsköljön egy keveset a tenyerére.
k) Nyomj egy diónyi golyót az elkészített sushi rizsből, körülbelül 2 evőkanálnyit, hogy egy szép téglalap alakú rizságyat kapj.
l) A füstölt tofut keresztben szeleteljük vastag szeletekre.
m) Vágjunk 8 csíkot keresztben a nori lapból.
n) Foglalja le a fennmaradó norit egy másik felhasználásra.
o) Mindegyik rizságy tetejére tegyünk 1 szelet füstölt tofut.
p) Rögzítse a szeleteket egy nori csíkkal „biztonsági övvel".
q) Tálaláskor a füstölt sushi darabokat egy tálra rendezzük.
r) Keverje össze a sushi rizsöntetet, a sötét szezámolajat és a fokhagymás chili szószt egy kis edényben.
s) Kenje meg a keverékek egy részét minden darab füstölt tofura.

83.Retek és tonhal Sushi Nigiri

ÖSSZETEVŐK:
- Sushi rizs
- Retek, vékonyra szeletelve
- Friss tonhal, vékonyra szeletelve
- Szójaszósz mártáshoz

UTASÍTÁS:
a) Vegyünk egy kis mennyiségű sushi rizst, és formázzunk belőle egy kis téglalap alakú tömböt.
b) Helyezzen egy szelet retket a rizstömb tetejére.
c) A retek tetejére tegyünk egy szelet friss tonhalat.
d) Ismételje meg a többi hozzávalóval.
e) Tálaljuk a sushi nigirit szójaszósszal a mártáshoz.

SUSHI KÉZI TEKERCS/TEMAKI

84.Mango Ragadós rizsMaki

ÖSSZETEVŐK:

- 1 csésze ragadós rizs, megfőzve és lehűtve
- 1 érett mangó vékony csíkokra szeletelve
- Kókusztej
- Nóri lapok
- szezámmag (elhagyható)

UTASÍTÁS:

a) Helyezzen egy nori lapot egy bambusz sushi szőnyegre.
b) Kenjünk egy réteg ragacsos rizst a norira.
c) Helyezzen mangócsíkokat a rizs egyik szélére.
d) A mangót meglocsoljuk kókusztejjel.
e) Szorosan feltekerjük a sushit és felszeleteljük.
f) Opcionálisan szórjunk a tetejére szezámmagot.

85.Növényi Tempura kézi tekercsek

ÖSSZETEVŐK:
- 1 csésze elkészített hagyományos sushi rizs
- Alapvető vegán Tempura tészta
- Olaj a sütéshez
- 16 zöldbab, a hegyek és a szálak eltávolítva, blansírozva
- 4 evőkanál burgonyakeményítő vagy kukoricakeményítő
- 4 lap nori
- 4 teáskanál pirított szezámmag
- 4 teáskanál finomra reszelt daikon retek
- 1 teáskanál finomra reszelt friss gyömbérgyökér
- ¼ piros kaliforniai paprika, gyufaszálra vágva
- 4 db zöldhagyma, fehér részeket levágva

UTASÍTÁS:
a) Készítsd el a sushi rizst és az alap Tempura tésztát.
b) Hevítsük fel az olajat egy serpenyőben 350 ° F-ra.
c) A zöldbabot mártsuk bele a burgonyakeményítőbe, és rázzuk le róla a felesleget. Forgassa meg a zöldbabot a Basic Tempura tésztában, mielőtt a forró olajhoz adná.
d) Süssük, amíg a tészta aranybarna nem lesz, körülbelül 2 percig. Lecsöpögtetjük rácson.
e) Tegyen egy lapot a noriból a bal tenyerére úgy, hogy a durva oldala felfelé nézzen. Nyomj 4 evőkanál elkészített sushi rizst a nori bal oldalára.
f) Szórj a rizsre 1 teáskanál szezámmagot. Kenjünk a rizsre 1 teáskanál daikon retket és ¼ teáskanál friss gyömbérgyökeret.
g) Rendezzünk el 4 zöldbabot dupla vonalban a rizs közepén. A tetejére tegyük a piros kaliforniai paprika gyufaszálának ¼-ét és 1 darab zöldhagymát.
h) Fogjuk meg a nori bal alsó sarkát, és hajtsuk rá a töltelékekre a tetejére.
i) Tekerje le a tekercset szoros kúpot képezve, amíg az összes nori körbe nem tekerte.

86. Bacon kézi tekercs

ÖSSZETEVŐK:
- 1 csésze elkészített hagyományos sushi rizs
- 4 szójapapír vagy nori
- 8 csík vegán szalonna, főzve
- 1 Római saláta, vékony csíkokra vágva
- ½ paradicsom, 8 szeletre vágva
- ¼ avokádó, 4 szeletre vágva
- 4 evőkanál édesített szójaszirup vagy több ízlés szerint
- 4 teáskanál szezámmag, pirítva

UTASÍTÁS:
a) Készítse elő a sushi rizst és az édesített szójaszirupot.
b) Helyezzen 1 szójapapírt a bal tenyerére. Nyomj 4 evőkanál sushi rizst a szójapapír bal oldalára.
c) Rendezzünk el 2 csík szalonnát a rizs közepére. A tetejére a kivágott Romaine ¼ részét. Adjunk hozzá 2 szelet paradicsomot és 1 avokádót.
d) Sprits 1 evőkanál édesített szójaszirupot a töltelékekre. Megszórjuk 1 teáskanál szezámmaggal.
e) Fogjuk meg a szójapapír bal alsó sarkát, és hajtsuk rá a töltelékekre a tetejére.
f) Tekerje le a tekercset szoros kúpot képezve, amíg az összes szójapapír a kúp köré tekeredett.
g) A tekercseket azonnal tálaljuk.

87.Mogyoróvaj és banán temaki

ÖSSZETEVŐK:
- 4 nori lap
- 2 banán, szeletelve
- 1/2 csésze mogyoróvaj
- 1/4 csésze méz
- Díszítésnek darált mogyoró

UTASÍTÁS:
a) Minden nori lapot megkenünk mogyoróvajjal.
b) Helyezzen banánszeleteket az egyik szélére.
c) Csorgassunk mézet a banánra.
d) Kúp alakúra tekerjük és a tetejére darált mogyorót szórunk.

88.Kelkáposzta Chip Kéz Tekercs

ÖSSZETEVŐK:

- 1 csésze elkészített hagyományos sushi rizs
- 1 kis csokor kelkáposzta, megmosva és szárítva
- 1 evőkanál étolaj
- ½ teáskanál pirospaprika por
- 4 lap nori
- 2 evőkanál kristályos gyömbér, apróra vágva
- ½ kis fanyar zöld alma, meghámozva és gyufaszálra vágva
- 1 sárgarépa, gyufaszálra vágva
- 4 evőkanál mogyorószósz vagy több ízlés szerint
- 4 teáskanál darált zöldhagyma

UTASÍTÁS:

a) Készítse elő a sushi rizs- és mogyorószószt.
b) Melegítsük elő a sütőt 350 °F-ra.
c) Távolítson el minden kemény szárat és bordát a kelkáposztáról.
d) Sütőpapírral bélelt fém tepsire tesszük a kelkáposztát.
e) A tetejét olajjal meglocsoljuk, és kézzel körbeforgatjuk, hogy jól elkeveredjen.
f) A kelkáposzta mindkét oldalára szórjuk a pirospaprika port és a tengeri sót.
g) A kelkáposztát egyetlen vékony rétegre terítjük.
h) 12 percig sütjük, félidőben megforgatjuk a kelkáposzta chipseket.
i) Igazítson 1 nori lapot a bal tenyerére úgy, hogy a durva oldala felfelé nézzen.
j) Nyomj 4 evőkanál elkészített sushi rizst a nori bal oldalára.
k) Szórjunk a rizsre ½ evőkanál kristályos gyömbért.
l) Tegye a kelkáposzta chips ¼ részét a rizs közepére.
m) Adjon hozzá ¼ Granny Smith almás gyufaszálat és ¼ sárgarépa gyufaszálat.
n) 1 evőkanál mogyorószószból, vagy ízlés szerint többet kanalazzon a töltelékekre.
o) A tetejére szórunk 1 teáskanál zöldhagymát.
p) Fogjuk meg a nori bal alsó sarkát, és hajtsuk rá a töltelékekre.
q) Tekerje le a tekercset szoros kúpot képezve, amíg az összes nori körbe nem tekerte.

89.Kimchee és paradicsomos kézi tekercs

ÖSSZETEVŐK:
- 1 csésze elkészített hagyományos sushi rizs
- 4 lap nori
- 4 csík kimchee vagy több ízlés szerint, durvára vágva
- ½ paradicsom, 8 szeletre vágva

UTASÍTÁS:
a) Készítse elő a sushi rizst.
b) Igazítson 1 nori lapot a bal tenyerére úgy, hogy a durva oldala felfelé nézzen.
c) Nyomj 4 evőkanál sushi rizst a nori bal oldalára.
d) Adjunk hozzá 1 evőkanál kimchee-t a rizs közepére.
e) Tegyünk 2 paradicsomszeletet a többi töltelékre.
f) Fogjuk meg a nori bal alsó sarkát, és hajtsuk rá a töltelékekre.
g) Tekerje le a tekercset szoros kúpot képezve, amíg az összes nori körbe nem tekerte.

90.Kókusz mangó temaki

ÖSSZETEVŐK:
- 4 nori lap
- 1 csésze sushi rizs
- 1 érett mangó, szeletelve
- Édesített kókuszreszelék
- Méz a szitáláshoz

UTASÍTÁS:
a) Egy nori lapra kenjük a sushi rizst.
b) Add hozzá a szeletelt mangót a közepén.
c) A tetejére cukrozott kókuszreszeléket szórunk.
d) Csorgassunk mézet a töltelékre.
e) Kúp alakúra tekerjük és tálaljuk.

SASHIMI

91. Dinnye Sashimi

ÖSSZETEVŐK:
- ½ font válogatott dinnye, kockára vágva
- ½ csésze szaké
- ½ teáskanál wasabi por
- 4 evőkanál édesített szójaszirup
- 1 csésze daikon csíra
- Tengeri só ízlés szerint

UTASÍTÁS:
a) A dinnyekockákat egy kis tálba tesszük.
b) Egy másik tálban keverjük össze a szakét és a wasabiport.
c) Öntsük a keveréket a dinnyekockákra, és hagyjuk ázni 10 percig.
d) Engedje le a folyadékot a dinnyéről.
e) A sashimi tálalásához gyűjts össze 4 kis tálat.
f) Mártson egy kis péksüteményes ecsetet az édesített szójaszirupba, és húzzon egy-egy szószt minden tálalóedényen.
g) Osszuk a dinnyekockákat 4 részre, és helyezzünk el több dinnyekockát az édesített szójaszirupon.
h) A dinnyekockákat a daikoncsírákkal megkenjük.
i) Szórj tengeri sót minden tányérra.

92.Heirloom Tomato Sashimi

ÖSSZETEVŐK:

- 4 evőkanál rizsecet
- 1 teáskanál cukor
- 3 nagy örökség paradicsom, kimagozva és felszeletelve
- 1 citrom félbevágva
- 1 csésze aprított daikon, opcionális
- 2 teáskanál tengeri só
- ¼ teáskanál matcha

UTASÍTÁS:

a) Egy kis lábasban keverjük össze a rizsecetet és a cukrot.
b) Majdnem felforraljuk, majd lassú tűzön körülbelül 2 percig főzzük.
c) Vegyük le a tűzről és hűtsük le teljesen.
d) Osszuk el a paradicsomot 2 tányérra.
e) Spritz csökkentett ecetet a paradicsomra.
f) Minden tányér oldalára tegyünk 1 fél citromot.
g) Tegye a daikon ½ felét minden tányér tetejére.
h) Keverje össze a tengeri sót és a zöld tea port.
i) Osszuk el két kisebb edény között. Az élvezethez facsarj rá citromot a paradicsomra.
j) Ízlés szerint megszórjuk zöldteával ízesített sóval.

93.Fésűkagyló Carpaccio

ÖSSZETEVŐK:

- 1 kis burgonya, meghámozva
- Olaj a sütéshez
- 1 teáskanál só
- 1 teáskanál furikake
- 8 nagy, friss tengeri fésűkagyló, levágva
- 2 mandarin narancs, meghámozva, bélelve és szeletekre vágva
- 4 teáskanál darált zöldhagyma, csak zöld részek
- 4 evőkanál sótlan vaj, felolvasztva és melegen tartva
- 4 evőkanál ponzu szósz

UTASÍTÁS:

a) A szeletelt medvehagymát egy kis tálba tesszük, és megszórjuk 1/2 teáskanál sóval.
b) Adjunk hozzá ecetet, és óvatosan keverjük össze, miközben a mogyoróhagymát víz alatt tartjuk. Hagyja szobahőmérsékleten 30 percig.
c) Vágjon keresztben minden kagylót nagyon vékony szeletekre.
d) Osszuk el a szeleteket hat hűtött tányér között, körkörösen laposra fektetve.
e) Rendezzünk félbevágott koktélparadicsomokat minden tányérra. Szórjuk meg a tengeri herkentyűket és a paradicsomot sóval, egy kis pepperoncinóval, néhány kapribogyóval és egy kevés ecetes medvehagymával.
f) Tépett vagy szeletelt bazsalikomlevéllel és néhány apró bazsalikomlevéllel díszítjük.
g) Egy kifacsart lime levével és egy fröccs olívaolajjal tálaljuk.

94.Édes garnélarák Sashimi

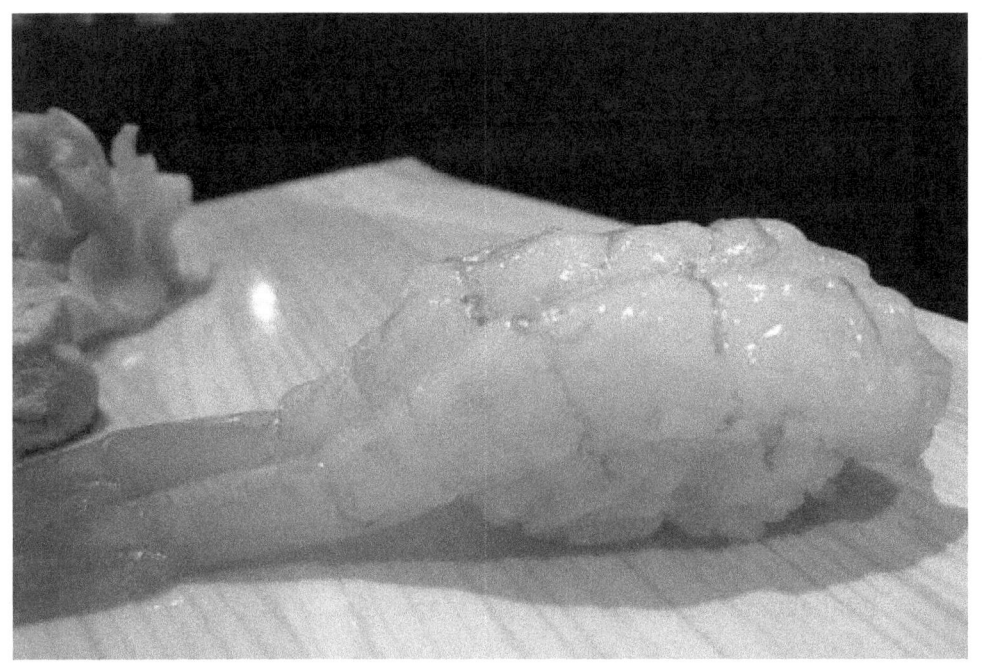

ÖSSZETEVŐK:

- 1 csésze garnélarák, feje ép
- ½ csésze burgonyakeményítő vagy kukoricakeményítő
- ½ teáskanál pirospaprika por
- Olaj a sütéshez
- 1 teáskanál só
- 1 evőkanál sötét szezámolaj
- 1 evőkanál friss limelé
- 1 evőkanál szójaszósz
- 4 teáskanál fekete repülőhal ikra
- 4 zöldhagyma, csak zöld részek
- 4 fürjtojás
- 2 teáskanál wasabi paszta

UTASÍTÁS:

a) Tedd a lazacot, a rákhúst és a fehér tonhalat külön, kis, nem fém tálakba. Egy közepes tálban keverje össze az édes hagymát, a zöldhagymát, a szójaszószt, a szezámolajat, a friss gyömbérgyökeret és az ogót.

b) Osszuk el a keveréket a 3 tál tenger gyümölcsei között.

c) A lazacpokéhoz adjunk hozzá egy csipet tengeri sót és 1 teáskanál pirított szezámmagot. A rákpokéhoz keverjük a kockára vágott paradicsomot a keverékhez. A fehér tonhalhúshoz keverj a tálba 2 teáskanál makadámdiót.

d) Fedjük le minden poke-ot, és tegyük hűtőszekrénybe legalább 1 órára. Kívánság szerint minden poké-t rizskeksszel hűtve tálalunk.

95.Laposhal citrommal és Matcha sóval

ÖSSZETEVŐK:
- 8 uncia friss laposhal, több szeletre vágva
- 1 citrom
- 3 teáskanál durva tengeri só
- ½ teáskanál Matcha

UTASÍTÁS:
a) A laposhal szeleteket egy tálalótálra rendezzük.
b) A citromot keresztben félbevágjuk, a végét pedig annyira levágjuk, hogy a citrom fele lapos legyen. A citromféléket egymásra rakjuk, és a tálra helyezzük.
c) Keverje össze a tengeri sót és a zöld tea port egy kis edényben.
d) Tegye a zöld tea sóját egy halomba a tálalóedényre.
e) A citrom felét facsarjuk a laposhalra.
f) Ízlés szerint szórjuk meg a zöld teasót a darabokra.

96. Marhahús tataki tál

ÖSSZETEVŐK:
- 450 g-os filé steak, középre vágva
- 1 evőkanál szezámolaj
- Frissen őrölt fekete bors

A PÁRCÁHOZ:
- 3 evőkanál világos szójaszósz
- Őrölt feketebors
- 2 evőkanál japán mirin
- 2 újhagyma, vékonyra szeletelve
- 1 nagy gerezd fokhagyma, meghámozva és apróra vágva
- 1 db friss gyömbér gyökér meghámozva és apróra vágva
- Mikrosaláta levelek, díszítéshez

A PONZU STÍLUSÚ ÖLTÖZÉSHEZ:
- 2 evőkanál citromlé
- 4 evőkanál rizsborecet
- 4 evőkanál mirin
- 4 evőkanál világos szójaszósz
- 1 evőkanál szezámolaj

A ZÖLDSÉGEKHEZ
- 1 kis mooli, meghámozzuk és kis csíkokra vágjuk
- 1 nagy sárgarépa, meghámozva és kis csíkokra vagy gyufaszálra vágva
- 1 uborka kimagozva és kis csíkokra vagy gyufaszálra vágva

UTASÍTÁS:
a) Egy nagy, tapadásmentes serpenyőt melegítsen forróra.
b) Tegyük a marhahúst egy nagy tálba, öntsük hozzá az olajat, ízesítsük borssal, és dobjuk bevonni.
c) A serpenyőben a marhahús barnára pirulásához.
d) Tegyük át egy nagy tányérra hűlni.
e) Egy nagy műanyag zacskóba keverjük össze a pác hozzávalóit .
f) Adjuk hozzá a marhahúst, zárjuk le, és tegyük hűtőbe legfeljebb 4 órára, vagy egy éjszakára, ha az idő engedi.
g) Egy kis tálban keverjük össze az öntet hozzávalóit . Fedjük le és tegyük félre. Egy közepes tálban keverjük össze a zöldségeket.
h) Vékonyan szeletelje fel a marhahúst a szemeken. Tegye a szeleteket egy nagy tányérra, és meglocsolja a ponzu-stílusú öntettel.
i) Enyhén szórjuk szét a mikroleveleken, és öntsük meg több öntettel.
j) A megmaradt zöldségeket kanalazzuk, és a marhahússal tálaljuk.

97.Tonhal Sashimi Jalapeno Granitával

ÖSSZETEVŐK:
JALAPEÑO GRANITA
- 1 csésze víz
- ⅔ csésze cukor
- 1 jalapeño chili paprika, kockákra vágva
- 1 teáskanál darált friss gyömbérgyökér
- 2 nagy shiso levél
- 12 uncia blokk friss fehér tonhal vagy sárgaúszójú tonhal
- 1 citrom nagyon vékony szeletekre vágva

UTASÍTÁS:
a) A granita elkészítéséhez forraljuk fel a vizet egy kis serpenyőben. Adjuk hozzá a cukrot, és keverjük addig, amíg fel nem oldódik.
b) Hagyja kissé lehűlni a keveréket, mielőtt a turmixgépbe önti.
c) Adja hozzá a jalapeño darabokat a turmixgéphez.
d) Dobd bele a gyömbér gyökerét és 2 shiso levelet. Addig turmixoljuk, amíg a keverék habos nem lesz.
e) Szűrd át egy finom hálószűrőn, és dobd ki a szilárd anyagokat, ha végzett. Öntse a folyadékot egy sekély, fém serpenyőbe, és tegye a fagyasztóba, amíg megszilárdul.
f) A fehér tonhal külsejét főzőlámpával vagy serpenyőben, közepesen magas lángon megpirítjuk.
g) A tonhalat szeletekre vágjuk.
h) Tálaláskor vegye ki a Jalapeño Granitát a fagyasztóból. A fagyott masszát villával lekaparjuk vagy feldaraboljuk. Tegyünk néhány evőkanál granitát egy martini pohárba.
i) Rendezzünk 4 szelet sült tonhalat a granitára, a közepére helyezzünk egy citromszeletet.

98.Tonhal és avokádó tatár

ÖSSZETEVŐK:
- 8 uncia friss ahi tonhal, apróra vágva
- 2 teáskanál darált zöldhagyma, csak zöld részek
- ½ teáskanál sötét szezámolaj
- 4 evőkanál ponzu szósz
- 1 nagy citromszelet
- ½ avokádó, meghámozva, kimagozva és kis kockákra vágva
- Csipet só
- 1 nagy shiso levél vékony csíkokra vágva
- ½ angol uborka, szeletekre vágva

UTASÍTÁS:
a) Tedd a tonhalat egy kis nem fém tálba.
b) Adjuk hozzá a zöldhagymát, a sötét szezámolajat és a ponzu szószt. A hozzávalókat jól összekeverjük. Egy másik kis tálban az avokádókockákra nyomkodjuk a citromkarikát. Adjunk hozzá egy csipet sót és a felvágott shisot. Jól keverjük össze.
c) Helyezzen egy négyzet alakú formát a tálalótányérra.
d) A formába nyomjuk a tonhalkeverék felét, majd az avokádókeverék felét.
e) A tatárt az uborkaszeletekkel tálaljuk.

99. Avokádó és mangó lazac Sashimi

ÖSSZETEVŐK:
- Friss lazac, sushi minőségű
- Érett mangó, szeletelve
- Avokádó, szeletelve
- Ponzu szósz
- Mikrozöldek a díszítéshez

UTASÍTÁS:
a) A lazacot vékonyra szeleteljük, és egy tányérra rendezzük.
b) Mangó és avokádó szeleteket váltakozva a lazac közé.
c) Meglocsoljuk ponzu szósszal.
d) Díszítsük mikrozölddel a frissesség érdekében.

100.Szarvasgombás Sárgafarkú Sashimi

ÖSSZETEVŐK:
- Sárgafarkú, sushi minőségű
- Szarvasgomba olaj
- Tengeri só
- Metélőhagyma, apróra vágva
- Citromhéj

UTASÍTÁS:
a) Vékonyra szeleteljük a sárgafarkút, és egy tálra rendezzük.
b) Csepegtessünk szarvasgomba olajat a halra.
c) Megszórjuk egy csipet tengeri sóval.
d) Díszítsük apróra vágott metélőhagymával és citromhéjjal.

KÖVETKEZTETÉS

A "Korszerű Sushi Uralom Kézbook"-ban tett utazásunk végén remélem, hogy kulináris erőfeszítéseit az ízek, a kreativitás és a kortárs sushi művészetének elsajátításának öröme szimfóniájává alakították. Ez a kézikönyv több, mint receptgyűjtemény; ez a sushikészítés dinamikus és folyamatosan fejlődő világának ünnepe.

Köszönöm, hogy csatlakoztál hozzám az ízek, technikák és a korszerű fordulatok felfedezésében, amelyek új életet lehelnek a hagyományos sushiba. Legyen az elsajátított készségek és az elsajátított receptek kulináris repertoárja részévé, és az innováció szellemével gazdagítsa ételeit.

Miközben ízlelgeti az aprólékosan elkészített sushi utolsó falatait, emlékeztessenek arra az izgalmas utazásra, amelyet megtett a korszerű szusimesterség világába. Itt van, hogy emelje fel a sushi játékot, egy-egy tekercset. Jó tekerést és kóstolást!

www.ingramcontent.com/pod-product-compliance
Lightning Source LLC
Chambersburg PA
CBHW071335110526
44591CB00010B/1154